呂思勉手稿珍本叢刊

中國古代史札録

8

呂思勉 著

選舉二

刑法一

上海古籍出版社

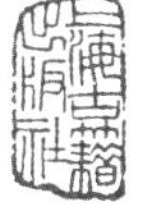

第八册目録

選舉二

題跋 一

選舉

隋书高祖纪　年十四京兆尹薛善辟為功曹(一 1上)

又開皇七年正月制諸州歲貢三人(一 10下)

又十八年七月詔京官五品已上總管刺史以志行修謹清平幹濟二科舉人(二 6上)

又仁壽三年七月……詔曰……其令州縣搜揚賢哲……不限多少不得不舉限以三旬咸令進路(二 9上)

又開皇十五年十二月詔文武官以四考受代(二 1上)

又煬帝紀大業二年七月制百官不得計考增級必有德行功能灼然顯著擢之(三 3下)

隋

書煬帝紀大業三年四月詔曰……孝悌有聞……德行敦厚

節義可稱……操履清潔……強毅正直執憲不撓學業優敏

文才美秀……才堪將略……膂力驍壯……爰及一藝可取

……文武有職事者五品已上宜令依十科舉人……其見任

九品已上官者不在舉送之限（三此）

又五年六月詔諸郡學業該通才藝優洽膂力驍壯超絕等倫在

官勤奮堪理政事立性正直不避強禦四科舉人（三此）

又八年九月詔曰……軍國異容文武殊用……自三方未一四海交

爭不遑文教惟尚武功設官分職罕以才授班朝治人乃由勳

敘莫非拔足行陣出自勇夫……蠹政害民實由於此自今已

後世授蠻夷也蓋不得因授文武職事……若吏部擬注因世

御史宜即糾彈（同上）

又十年五月詔郡舉孝弟廉潔各十人（同上）

又稱御史得糾察秀孝中書察秀才集書察孝賢士郎中察廉

高皇帝常服出坐於船堂中聽秀孝策以雅草策……（見外）

又召會日侍中黃門宣詔勞諸郡上計勞訖付紙遣陳土宜……

既而本曹郎中考其文也才辭所取者錄牒吏部簡同流外三

品敘（見上）

又百官志陳依梁制年未滿三十者不得入仕……亦無年常

考校黜陟之法既不為此或以勤績無辨　凡選官無定期

隋制，即補多更互遷官，未必即進班秩，其官唯論清濁，從濁官

則微清，勝於轉（三十上）

又經籍志，職官，梁選部三卷，徐勉撰；勳選例一卷（卌三下）

舊唐書太宗紀：貞觀七年正月，詔宇文仁及等裁選，宜置書典，以

勳臣爲其子孫世宜襲鎮，而令當敘（三上）

又高宗紀：永徽四年三月壬子朔，頒孔穎達五經正義於天下，每

年明經令依此考試（七上）

又顯慶四年春二月乙亥，上親策試舉人，凡九百人，惟郭待封、張

九齡等五人居上第，令待詔弘文館，隨仗供奉（七下）

又咸亨三年五月，制：雍、洛二州人，聽任本州官（五下）

舊唐、高宗紀上元元年十二月，天后上意見十二條，請王公百寮皆習老子，每歲明經一準孝經論語例試於有司（九九頁）

又三年八月，置南選使，簡補廣、交、黔等州官吏（一〇二頁）

又則天皇后紀垂拱元年，詔內外文武九品已上及百姓咸令自舉（一一七頁）

載初二年十月，制官人者咸令自舉（一二一頁）

又聖曆三年七月……制……其楊素及兄弟子孫已下並不得令任京官及侍衛（一二九頁）

又中宗紀神龍二年三月，大置員外官，自京及諸司諸州佐凡二千餘人，超授闕官七品已上及員外者千餘人（一四二頁）

又三年五月，以[illegible]，制募才材超絕者令各自舉（一四七頁）

舊唐書中宗紀景龍二年是冬兩京吏部置兩侍郎銓試京都文選兩銓以嚴情文有斜書擬官須用秋闈七〇

又玄宗紀開元九年上親策試應制舉人於含元殿謂曰古有三道今減二策近無科甲朕將存其上第務收賢俊用寧軍國所令有司設食七六

又十三年三月御史大夫程行諶奏周朝酷吏……二十三人丨子孫不許仕官……四人……子孫不許近任依開元二年二月五日勅八九

又是冬分吏部為十銓勅吏部尚書蘇頲刑部尚書抗工部尚書盧從愿等分掌選事一〇五

舊書玄宗紀開元十五年正月制草澤有文武高才令詣闕自舉
（同上）
又二十一年正月庚子朔制令士庶家藏老子一本每年貢舉人
量減尚書論語兩條策加老子策（同上）新選舉志（同上）
又二十四年三月乙未始移考功貢舉遣禮部侍郎掌之（同上）
又二十六年正月制……諸州貢每年令就國子監謁先師好經
加口試內外八品已下及草澤有博學文辭之士各舉所知
州閩廣（九上）
又二十九年九月壬申御興慶門試明四子人姚子彥之徒等（九
上）

舊書玄宗紀天寶五載，遣禮部尚書席豫、左丞崔翹、御史中丞王鉷等七人分行天下，黜陟官吏（九上）。

又十二載七月云：天下舉人不得貢舉，須補國子學生，然後貢舉（九上）。見選舉志（四四上）。十四載復鄉貢。

又十三載是秋……上御勤政樓試四科制舉人，策外加試詩賦各一首。制舉加詩賦，自此始也（九上）。

又肅宗紀至德元年十月……彭原郡以軍興用度不足，權賣官爵及度僧尼（十上）。新紀作始賣官度僧尼身[illegible]（六上）。（食貨五一上）

又乾元元年二月，令以贓入仕同明法例處分（十下）。（五一下）

又代宗紀廣德元年七月，制：吏部令自今以後，刺史以三年為[illegible]

限聽令以年為限免外及格試不得覆稱（壬弘）
又二年五月詔歲貢春秋力田童子等科（壬弘）
又九月尚書左丞楊繪知東京選禮部侍郎黃履知東都舉兩制
外舉選自此始也辛酉以大夫李峴為吏部尚書兼御史
大夫知河南東西及福建道選事蔡觀寶岩宣慰使仍令洪州刺
史李魁副知選事（壬弘）
又[illegible]太宗二年十月上御紫宸殿策試茂才異行高第孝弟力
田高蹈不仕等の科舉人（壬弘）
又八年京官三品已上郎官御史每年各舉一人堪為刺史縣令
者（壬弘）

舊書代宗紀大曆十年五月罷兩都貢舉都集上都停童子科（十一

19上）

又十三年七月中書舍人崔祐甫知吏部選事（十一

20上）

又德宗紀大曆十四年十二月乙亥兩畿使可以書判選人復以御

史臨之（十二

2上）

又貞元三年七月癸酉復置吏部小選（十二

18上）

又九年十一月甲辰各?刺舉之官宜令尚書丞郎於都堂訪以理術

試時務狀考其通否及歷任考課事迹定為三等并舉主姓名

仍令御史一人為監試知授官後政事能否委御史臺觀察使

以聞而黜陟之（十三

7上）

舊書德宗紀：貞元十四年九月，癸亥，諫議大夫田登奏言：兵部武舉人持弓挾矢數千百人入皇城，恐非所宜。上聞之驚駭，乃命停武舉。十三上

又憲宗紀：元和二年八月，以職方員外郎王潔為嶺南選補使，監察御史崔元方監之。十三下

又十二月，壬申，禮部舉人罷試口義，試墨義十條，五經通五，明經通六，即放。進士舉人曾為有司科罰，曾任州府小吏，雖有辭藝長者，不得舉送，違者舉送官停任，考試官貶黜。十四上

又三年三月，乙巳，御宣政殿，試制科舉人。四月，乙丑，以翰林學士王涯為虢州司馬。時涯甥皇甫湜與牛僧孺、李宗閔並登賢良

方正科第三等策語太切，權幸惡之，故涯、虔親寡疑之（四の3P）

又五月壬辰，兵部請復武舉從之（十の1P）

又元和七年十一月戊寅，吏部尚書鄭餘慶請復置吏部考官三員，吏部郎中楊於陵執奏，以爲不便，乃詔考官韋顗等三人祇考及第科目人，其餘吏部侍郎自定（十五 2P）

又穆宗紀元和十五年二月壬寅，勑舉賢良方正直言極諫并科目人，宜令中書門下尚書省四品已上於尚書省同試（十五）

三月戊午，吏部尚書趙宗儒奏：先準勑先試所放制科舉人，令與中書門下四品已上官同於尚書省試，試者臣伏以制科所試庠在禮部，兩省兼試，尚非典今宰過既舉歷政權彰須山

陵日近出務繁自選待問之士戴識非多臣等商量選須停罷從

（中註）　亦見趙鼎儒傳（張作新書補註）

舊書太宗紀貞觀十一年四月丙寅詔河北淮南舉孝悌淳篤兼

閑時務儒術該通可為師範文辭秀美才堪著述明識政體可

委字人並志行修立為鄉閭所推者給傳詣洛陽宮（三4上）

又十五年四月辛卯詔以來年二月有事太山……六月戊申詔

天下諸州舉學綜古今及孝悌淳篤文章秀異者並以來年二

月總集泰山……丙辰停封泰山（三6上）

又十七年五月乙丑手詔舉孝廉茂才異能之士（三6下）

又高宗紀顯慶五年六月辛卯詔文武五品已上四科舉人（四6上）

舊書高宗紀龍朔元年八月丙戌，令諸州舉孝弟、文著及業義居前以勵
風俗者(四上)
又儀鳳二年十二月，詔京文武職事官三品已上每年各舉文武
才能堪任將帥牧守者一人(五下)
又調露元年，臨軒試應岳牧舉人(五下)
又中宗紀，復位，詔九品已上及朝集使極言朝政得失兼舉賢
良方正直言極諫之士(七上)
又玄宗紀，開元二十九年十月戊戌，令遣大理卿崔翹等八人往
諸道黜陟使(九上)
又天寶十一載十二月甲戌，楊國忠奏請兩京選人銓日便定留

放無長名（九12）

舊力肅宗紀乾元二年五月丁亥上御宣政殿試文經邦國等の

科舉人（十8上）

又代宗紀大曆六年の月丁巳上御宣政殿試制舉人至夕策未

成令太官給燭俾盡其才（[illegible]）

又德宗紀貞元十一年三月丙申詔州府例舉隱居丘園不求聞

達者唐成等九人於三史試及令給以乘到京日量才敘用（十三8上）

又憲宗紀元和元年（の月）丙午（史無の月字）並命宰臣監試制舉人於

三月乙丑朔

尚書省以制舉人先朝所徵不欲親試也（六6上）

又敬宗紀寶曆二年二月容管經略使嚴公素奏賓州晉寧等七

縣請同廣昭桂賀四州例就選從之（十七上6上）

舊書文宗紀太和七年五月嶺南五管及黔中等道選補使宜權停一二年（十七下6下）

又八月甲申朔御宣政殿冊皇太子永是日降詔……皇太子方從師傅傳授六經一二年後當令齒胄國庠以興墜典宜令國子選名儒置五經博士各一人其公卿士族子弟明年已成不先入國學習業不在應明經進士限其進士宜先試帖經并略問大義取經義精通者放及第（十七下8上）

又開成二年四月宰相李石奏宗正寺宗室選授（十七下15下）　六月庚子又吏部奏長定選格請加置南曹郎中一人別置郎一員以新

置南曹，曹之印治文狀，從之。（四千七下）

三年二月庚子，吏部奏：去年將修長定選格式，并往例，頗不便人，不可久行，請却用舊格。從之。（同上七下）

舊書懿宗紀：咸通二年八月，以兵部員外郎楊知遠、司勳員外郎穆仁裕試吏部宏詞選人。（四千六上）

三年十一月，以吏部侍郎鄭處誨、蕭倣、吏部員外郎楊儼、戶部員外郎崔彥昭等試宏詞選人。（四千六上）

又七年十一月，以禮部郎中裴璩、吏部員外郎高湘試拔萃選人。（同上上下）

又八年十一月，以中書舍人劉允章權知禮部貢舉，以吏部侍郎盧

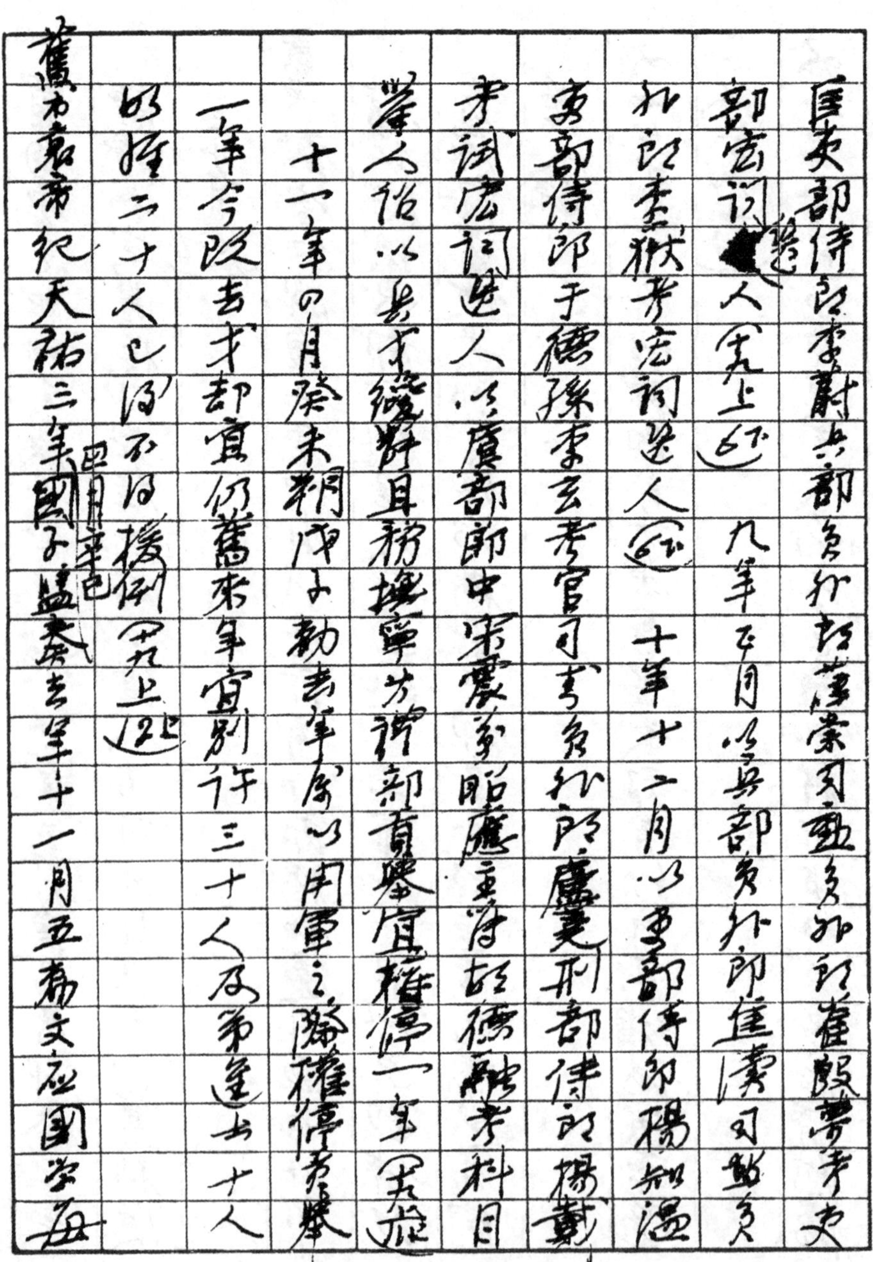

以吏部侍郎李蔚兵部員外郎薛崇司勳員外郎崔殷夢考吏部宏詞選人（同上六一下）　九年正月以兵部員外郎崔澹司勳員外郎李獄考宏詞選人（六一下）　十年十二月以吏部侍郎楊知溫吏部侍郎于德孫李玄考官司書員外郎盧蕘刑部侍郎楊戴考試宏詞選人以虞部郎中宋震[illegible]昭應主簿趙德融考科目舉人皆以其才譏訐且務擾寧方請部有舉宜權停一年（同上）

十一年四月癸未制以勳舊年序以用軍之際權停考舉一年今後去求都宜仍舊來年宜別許三十人及第進士十人明經二十人已後不得援例（同上六二上）

舊書哀帝紀天祐三年四月辛巳國子監奏去年十一月五敕文應國學每

年与諸道等一例解送兩人今臨王郭麟國等六十人運狀論
訴勅旨取士之科明揭格式每年人數已有定數去處條疏奏
防衛臨今國子監河南府俱有論奏所試明經宜令准常例解
送禮部移人多少酌量裁減但不徇囑托援毫章討所司奏
聞
又二月貢院印勅今年禮部所放進士據保人數外更放兩人其止（旁注：考等）
舊書禮儀志貢儀…………七年二月己酉詔諸州有明一經已上未
被拔擢者本處舉送具以名聞有司試業精加敘用毋退
又儀鳳三年五月詔自今以後道德經並為上經■（旁注：京）舉人皆兼通（旁注：須）
其餘經及論語任依常式　別天寶二年自崇臣執兩卷令

貢舉人爲業停老子。神龍元年停臣軌，依舊習老子（卅四注）

舊書禮儀志開之…… 二十四年三月，始移貢舉屬禮部侍郎。姚

奏請進士帖■左傳禮記，通五及第。二十五年三月，敕明經自

令明經帖十通五已上，口問大義十條取通六已上，仍答時務

策三道，取粗有文理者及第。進士停帖小經，宜準明經例試大

經帖十通四已，後試雜文及策，訖，考所試雜文及第，送中書門

下詳覆。二十六年，敕諸州鄉貢見訖，令引就國子監謁先師，學官

爲之開講，質問疑義，有司設食，弘文、崇文兩館學生及監內得

舉人亦聽預焉（卅四注）

又天寶元年明經進士習爾雅。九載七月，國子監置廣文館，知進

士兼博士助教各一人秩同大學士十二載詔天下舉人不得
充鄉貢皆補學生四門俊士停廣德二年六月勅令諸州每鄉
京秀才者廉取鄉間有孝悌廉恥之行薦名委有司以禮待之
試其所通之學五經之內精通一經兼能對策達於理體者並
量行業授官其明經進士並停國子學生舉亦宜準此例楊綰
之議也詔下羣臣集議中書舍人賈至議請依綰奏有司奏曰
竊以今年舉人等或舊業已成理難速改或遠州所送行已在
途事須收獎其今秋舉人中有情願舊業舉試者亦聽明年已
後一依新勅以綰議竟不行（冊の紀）
又開元二十五年正月己丑詔兩京及諸州各置玄元皇帝廟

附并置崇玄學其生徒令習道德經及莊子列子文子等每年
準明經例舉送（卅の五）
又則天長安三年令天下諸州宜教人習孝每年准明經進貢例
申奏（卅の五）
新書、代宗紀大曆十二年七月丙子詔尚書御史大夫左右散騎侍
郎、舍任刺史者（卅九）

「唐制，胥吏未至以他官入者謂之直。」通鑑武德九年注(札二止)

對表。通鑑貞觀十三年注「今之議官謂章表之議，不許勅對，未奏則閤門不復受其表，即唐制之對表也」(札五止)

流外入流。通鑑顯慶二年注「襍色補官者謂之流外，官入流內敘品謂之入流」(札六止)

裏行。「裏行者，資序未至，未正除監察御史，令於監察御史班裏行也」通鑑儀鳳元年注(札三止)

由歷。「由者，謂從來之由；歷者，所歷職任」通鑑穆宗長慶二年注(札二止)

資歷。「資，以序遷；歷，所歷之官也」通鑑唐宣宗大中六年注(札九止)

駁放○駁糾駁也放黜也駁放者糾駁其非是而放黜之也通鑑唐僖宗廣明元年注(胡注)

科場○唐人謂貢院爲科場亦謂之場屋言由此而決科進取事名之場也通鑑唐宣宗大中二年注(胡注)

望縣○望縣即今人所謂省縣也通鑑晉高祖天福二年注(胡注)

門蔭○門蔭謂任子也通鑑漢高祖乾祐元年注(胡注)

狀頭大頭○進士第一人謂之狀頭大頭通鑑後周世宗顯德六年注(胡注)

選舉

糊名○新唐書、張說傳永昌中武后策賢良方正詔吏部尚書李
景諶糊名較（校）覆說所對第一

八科○唐書、員半千傳凡舉八科皆中　崔融傳擢八科高第
陸元方初明經擢又舉八科皆中

一縣應試只童生二人且皆文理未通　隨筆36 雪社叢

進士借卅坊請之同年制始於宋　47 同上

宋時解試有待補小榜蓋副榜權輿　49 同上

試卷解部時須重寫自前已然　85 同上

稍微之探

中國近百年史資料篇126

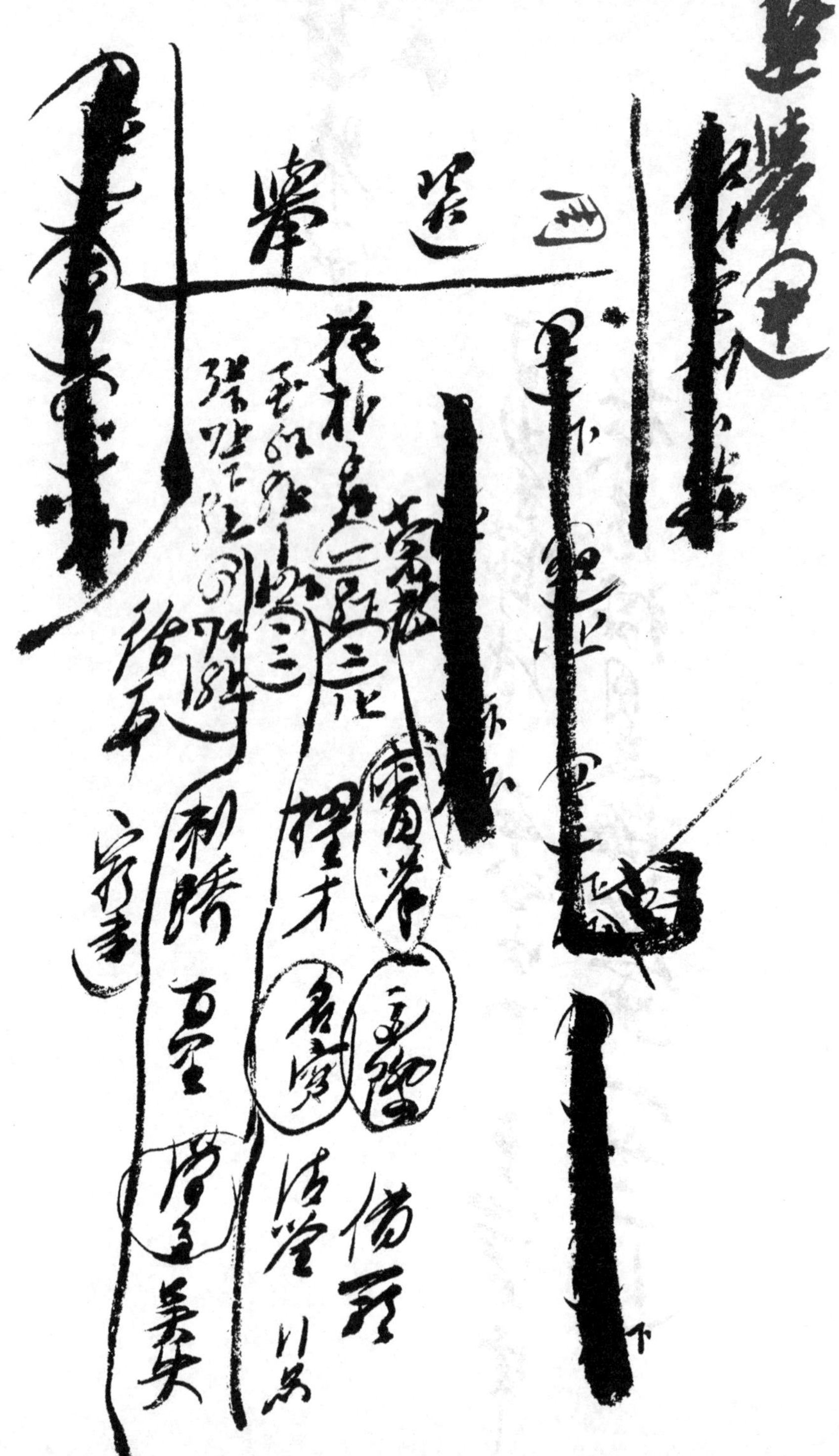

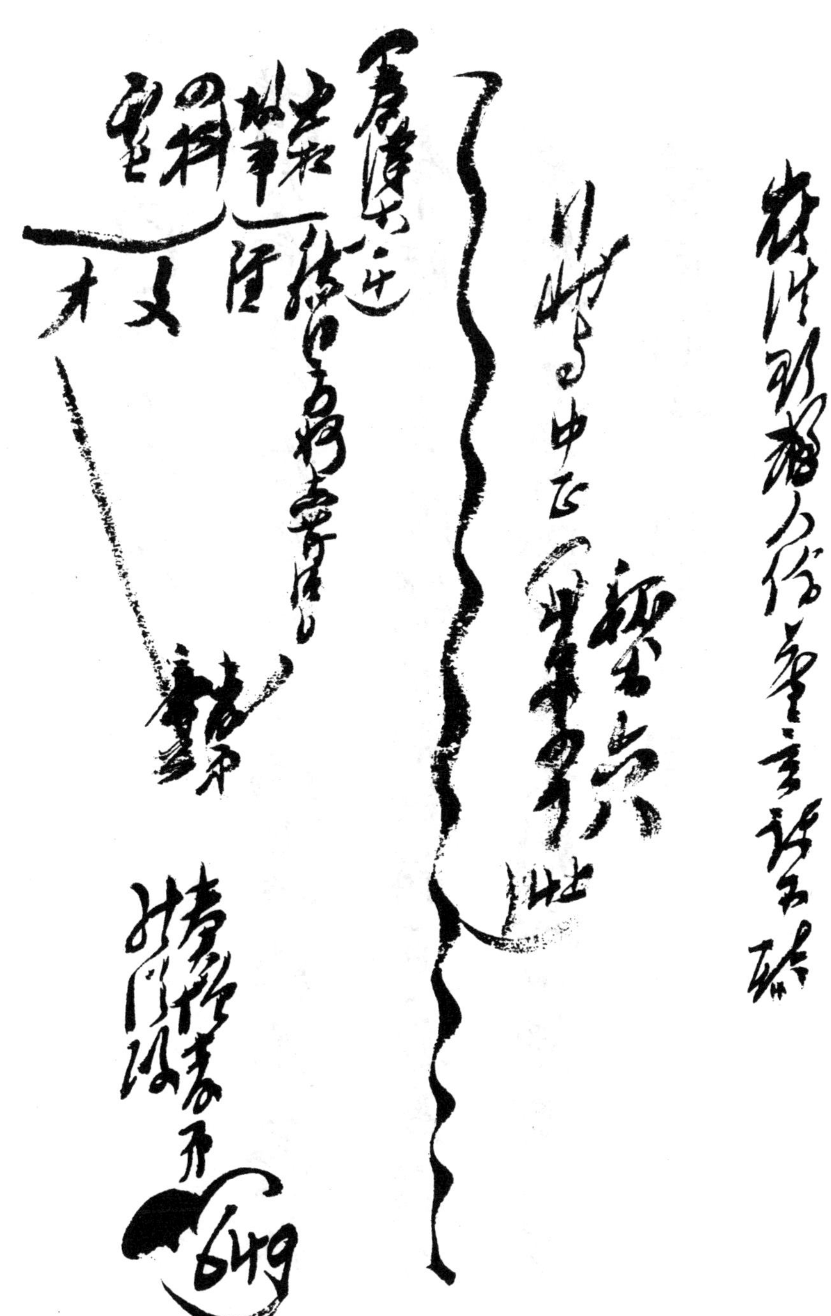

門閥用人之始

潛夫論論榮 今觀俗士之論也以族舉德以位命賢又云降論古則知稱夷齊原顏言今則必官爵職位虛談則知以德義為賢貢薦則必以閥閱為前

取之(9)卽之帝劉毅伊吳無不深著譯之意也　宋書毛脩之傳也叔璩父瑾為譙縱所殺(48)(及)朱齡石傅弘之傳之固初以為但慮脩之至蜀多所誅戮士人既與毛氏有嫌亦欲以死自固[故]不許戰(26)則相傳亦只僅及一地之人止矣

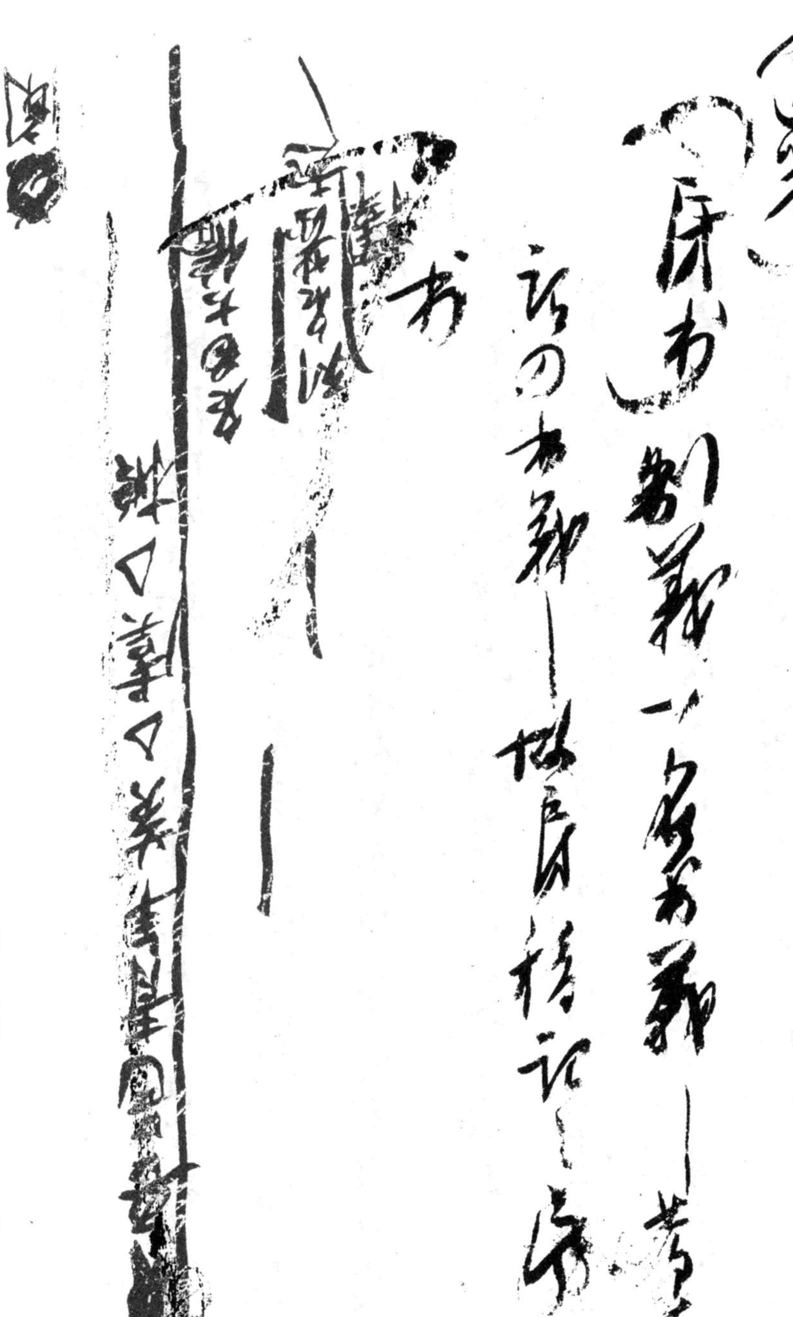

選舉

行取之廢

行取之制始於明之初，科道用人其途甚廣，後定制在內用中行評博，在外取三年考滿之推官知縣，謂之行取。推特簡外不以資限。康熙六年令科道專用部員行取官，但升之事。乾隆十六年諭：行取知縣此制始於前明，其時多需資格擢陞科道，時不得不以部用一途疏通壅滯。今行取科升途甚廣，才能傑出之士多無不保題歸用，實無壅滯之弊，向來沿襲具文，著照議停止。石渠餘紀

清捐納之弊

清代則政以賄成官職爲帝王之商品自乾隆年間始七項常捐勒之會典永遠爲國家之經入較之諸價西園司徒銅臭史家載筆猶以穢德之清室之捐輸事例則與周官制作等也宋時士人登第僅試之以幕職試有成效主者列之薦剡乃再應科試得爲京朝官其由幕僚縣令改官者必經郡守監司京官侍從以上七章交薦乃爲及格雖非鄉舉里選帝王亦自有慎重名器之心清之七項常捐雙月謂之大選白丁可以橫帶單月謂之急選異數可以濫邀不論雙單月則尤爲奇材異能之特典至免保舉可捐而大臣無進賢之力分發可捐而豺狼遍於全國省分可捐指捐離而登壟斷而左右望邀避自便自有設官分職以來馭吏之術至此已窮其間水旱刀兵盜賊之禍則吏開新例倍蓰其價格而以通歷各班招之此如季節之特設廉價部冢宰之制國用司農之掌邦計銓曹之持衡鑒司徒之論俊秀不過於此較其例價之錙銖所謂六官治事大半爲賣官之經紀人一朝經制如此覺古來宦官宮妾之蹊徑斜封墨敕之恩私不過爲一時之變故者猶爲日月之食吏也人皆見之矣

述

隋遣番

隋書通史上五四九—五五四　又六三一

隋詳證字傳一八

北通史出冊833

相仍

出冊10又333—334

選舉

光27四月報向29 6考取

經濟特科

清初選舉

佚名通史上 214

送
筆

詩以明詞 作者姓字 亡識
領納姓人名
世家據
名齊方丘 出於降人
至此後五十頁以下
參照送
經穀 思勉

廿一の
十五頁

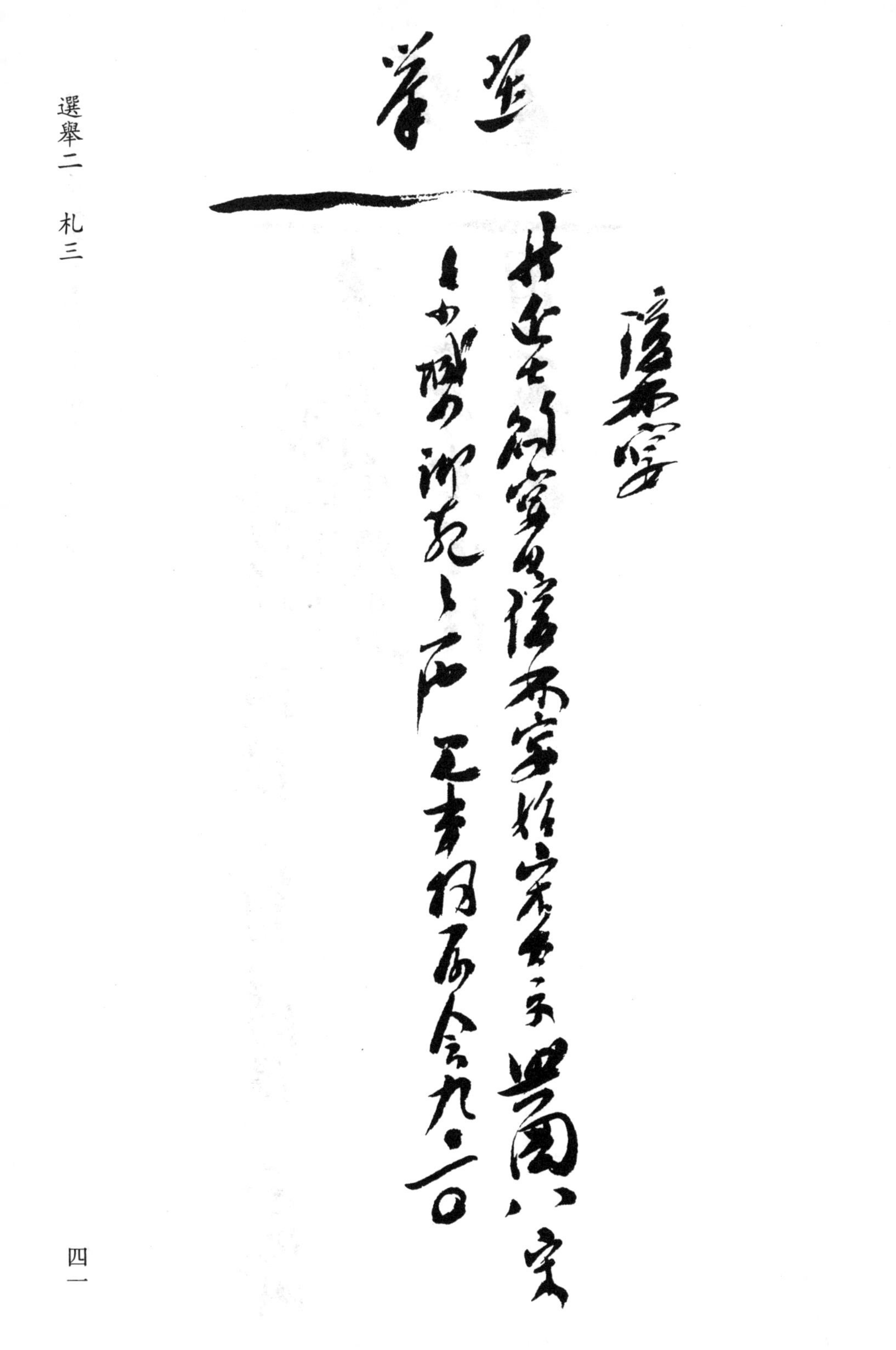

選舉

[illegible]

[illegible]

[illegible]

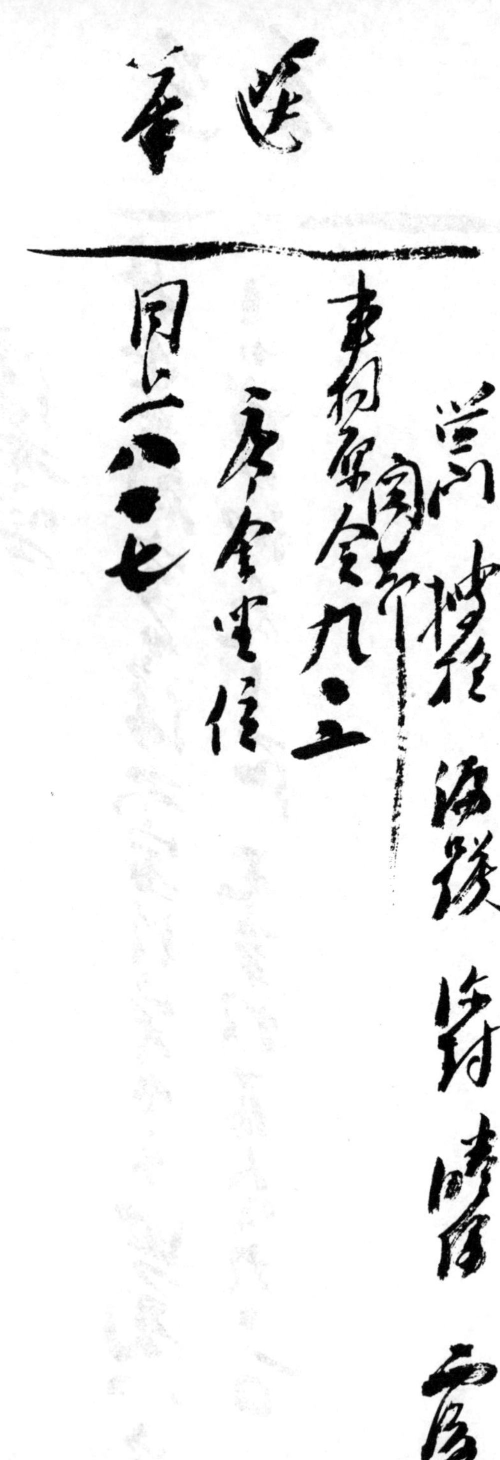

選舉

外[illegible]子諸務不滿漢人准[illegible]會試以後次年[illegible][illegible]
翰林庶選中傳教科目後[illegible]等選）以[illegible]今[illegible]天
例為一甲同　順治中滿人漢人分為兩榜
康熙九年庚戌科以後滿漢人同一榜皆
識漢文矣

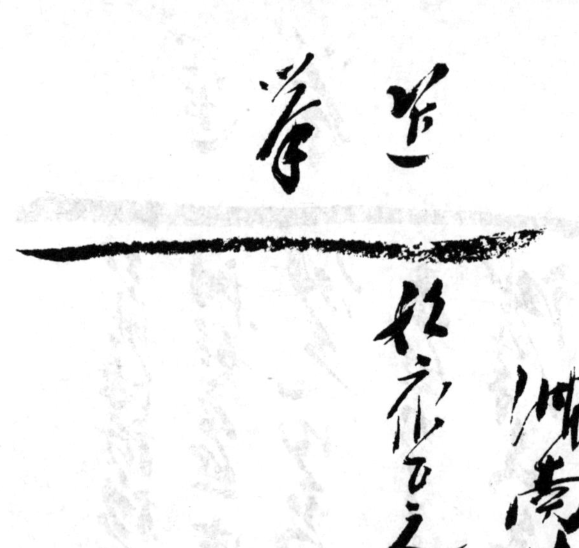

選舉

手卷

以先世宗嘉靖六年丁亥以吾郎試秋闈薦外

方可通開前由開冬友服時真台居往興一詞本

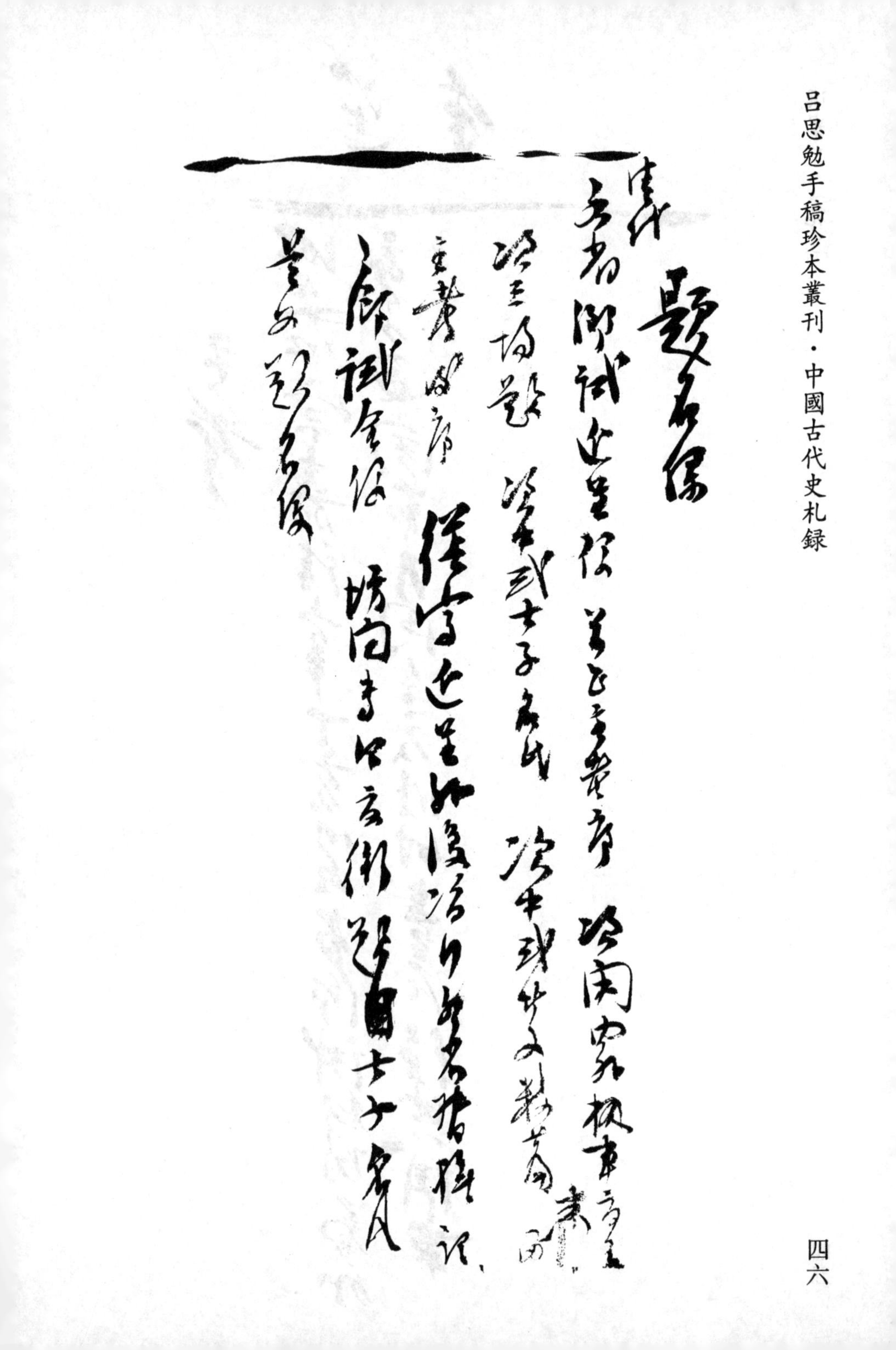

[illegible]

選舉

清初畢科

大臣所付降呂格乃考卿狀令　制段了無

第一年卿試

選舉

清初選舉 場

朱希祖來函 10—11

明初用人不拘資格

陔餘叢考十八

有明進士之重

同上

遼

予嘗與誠同學論及楊廣，皆以楊廣名年號帝廣平宋太初之日，楊廣紀年號，然者假臣號之蓋紳年號其文人之粗可謂有一義居乎其中，以求人誤共發之。讀遼史偶識

道一

科場關節

舉行附保少年留迓合總緘，一孫秀未會試之第中翰長

壇直李是話予弟曰：山科保帶從之年開節也

振史以漢史館及李以宋文之若張訓之但餘不才

若爲佳矣即爲闕矣

選

宋武選歸吏部

陔餘叢考十八

外人得科第材

唐宋元時代中西通商史七五葉

堅守

言利誠殷[illegible]

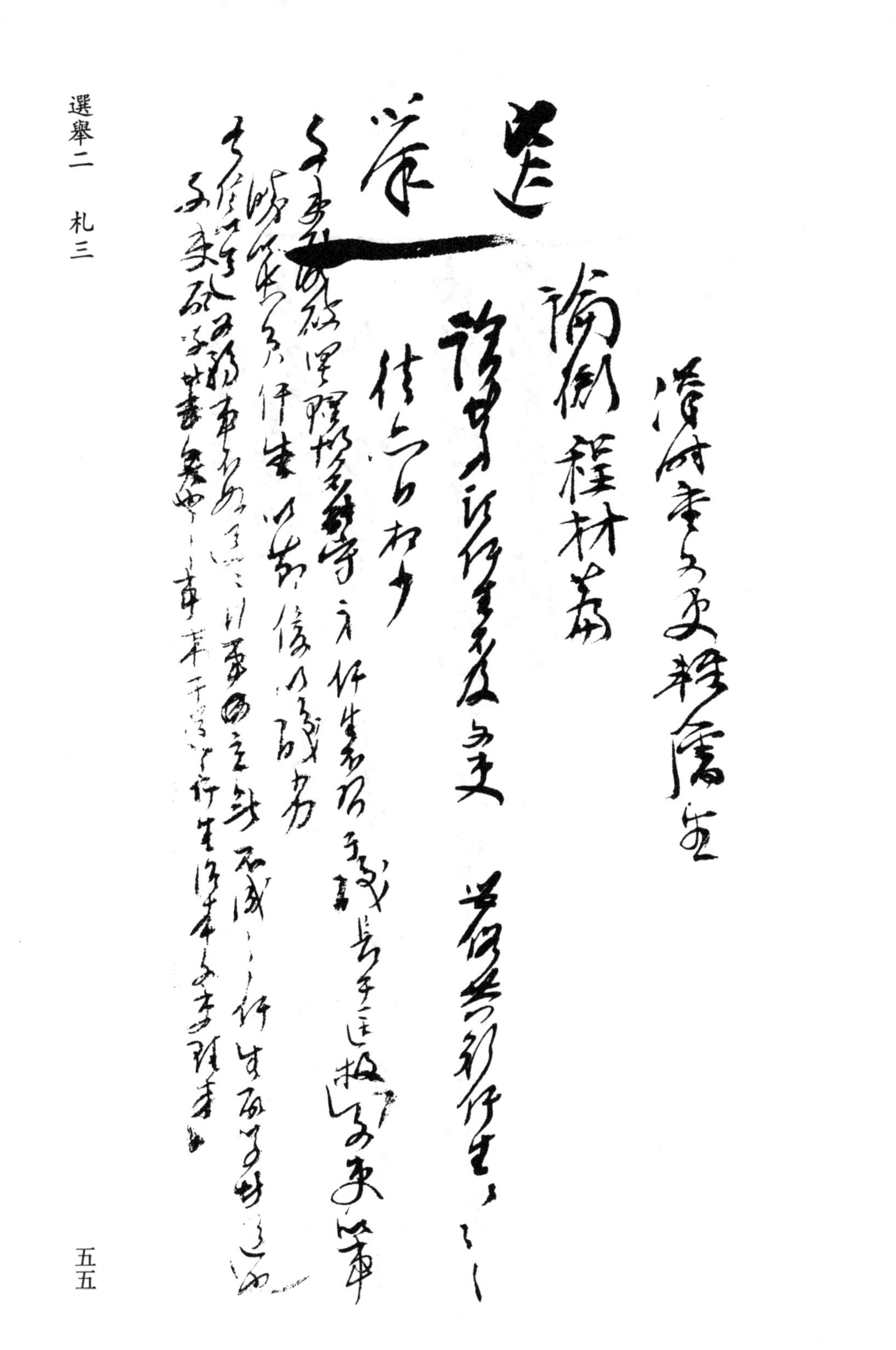

選舉

潛夫讚學[illegible]

務本第二　賢難第五　考績第七　本政第

潛夫論論榮第四

九　潛歎第十　實貢十四　實邊廿四　交際

申鑒時事第二　論[illegible]論學下　[illegible]

中論考偽第十一　譴交第十二

選舉一　宏詞一　所以不立某字者

校擬[illegible]為三舉學而者　名[illegible]三十　冊三

宏學

同上十六

鈔人

同上法淡第廿　同品廿二

中醫學

攷之錢談陰狹

選舉

論衡一累害篇

鄉里有三累朝廷有三害——魏素丹可見

當時互相排擠情形

九命平反

廿八

日知録九 口率正之 行於外夫六反 風化深 付法 說[illegible]

即唐之策經方閑之材舉國至宋盛之末 卷傳乃訓

而節度使 議織行 隆陰一時 藩鎮說隋

之其始自為風正也 其由 無數文辭 為要 說辭云 說辭云

此隋先 注書 [illegible] 以術

猜法 說[illegible] 記 注之日

范純禮字彝叟　許如待薦而勿用則守正特立之士

仙庵三子

特繕示諭過矣

吏
部郝老爺

陵26
竹庭研邊手稿

秋旗回迴

又27

正途：科目　貢監　蔭生

倚途：舉薦　捐納　吏員

科目

狀元授翰林院修撰，榜眼探花編修　二甲以下庶吉士三年散館二甲編修

三甲授職為六部主事及知縣

舉人會試每三次不中四川廣東西福建湖南雲貴一路遠者即大挑知縣教職

凡二年揀選用為東南北省例留籍州同州縣學之教諭訓導

以補

貢生

拔貢生　兩年歲科二試取優優者加試於會同撫藩試後選知縣

如當附學二名取學一名備者無缺二年無缺一

恩貢生

歲貢生

優貢生　三年選廩生優者也

副貢生

拔貢[illegible]皆得入國子監

按貢朝考一二等者，復試後由部帶領引見，有用爲學習小京官者，有以知縣分發

者，其[illegible]有授以教職者。其落選者，此與副貢生皆得別就他途

一般貢生就任此者，[illegible]本省[illegible]給咨[illegible]者　以[illegible]

選爲直隸州州判、州判、縣丞[illegible]、教職等。學政會考[illegible]試，因拔貢選後設教諭，貢生後設

訓導。副貢生因拔候選以州同、州判、縣丞候選至教[illegible]

因拔副生當三年[illegible]以請授教諭[illegible]任訓導　此者即請

選後設教諭，貢選後設訓導　然貢生無人以此故爲[illegible]

蔭生　恩蔭文
難蔭文

十五歲入監三年難蔭子自同保選　實缺入監二十歲上同貢生考用應

試

恩蔭承蔭之品以文職京官三品以上武官外皆二品以上一　其餘俱依一品

例與官子三品官之品上

父	八旗
一品	多羅郎

侍

（正二）多羅郎俗吏

（六二）吉本

品	正	從
六品	六部都察院經歷 大理寺之丞 光祿寺署丞	(從)六部察院經歷系附 通判 光祿寺署丞
七品	(正)通政司經歷 大常寺典簿 印寺司庫 光祿寺典簿 七品筆帖式	(正)中書科中書 大理寺評事 大常寺博士 (從)通政司經歷 大常寺典簿 (八)光祿寺典簿 經歷衛經歷 布政司都事 [illegible]
八品	鴻臚寺典簿 八品筆帖式	(正)(從)縣主簿 州吏目

京官外用者，(四)其一品之子任同知，以一知州二品通判三品知縣

蔭敘者，其任筆帖式。三品以上任知府，四品以下知縣。而其本以按察

新疆邊遠之區，之考察以[illegible]之屬。為其六七品之子任邊縣縣丞，八九品之其縣

未蔭未入流者，州吏目州判之。六七品為任縣典史，以路筆帖式

參看方正學案隨筆

壁落隨筆[illegible]

一候選資格

學堂出以科舉身三品以上之一般高等文武兩品以上之科目選或科舉學位及以

爲按二月　又語一條　然后看見于新聞如此者考方已……

孝廉方正山林隱逸

武帝詔孫載茂才　武帝從董仲舒對之同州郡舉等　令與常科併為歲舉

文

博學鴻詞　保舉經學人員

皇帝主試大學士及翰院學士同閱卷及中式不論已任未任皆以翰林

康熙乾三朝皆設

乾隆命大學士九卿保舉經學人員考國子監司業以下職銜

此事時名部道地方人士試可以無幾倖或准保舉人員爲以保選而

關中有之須核核

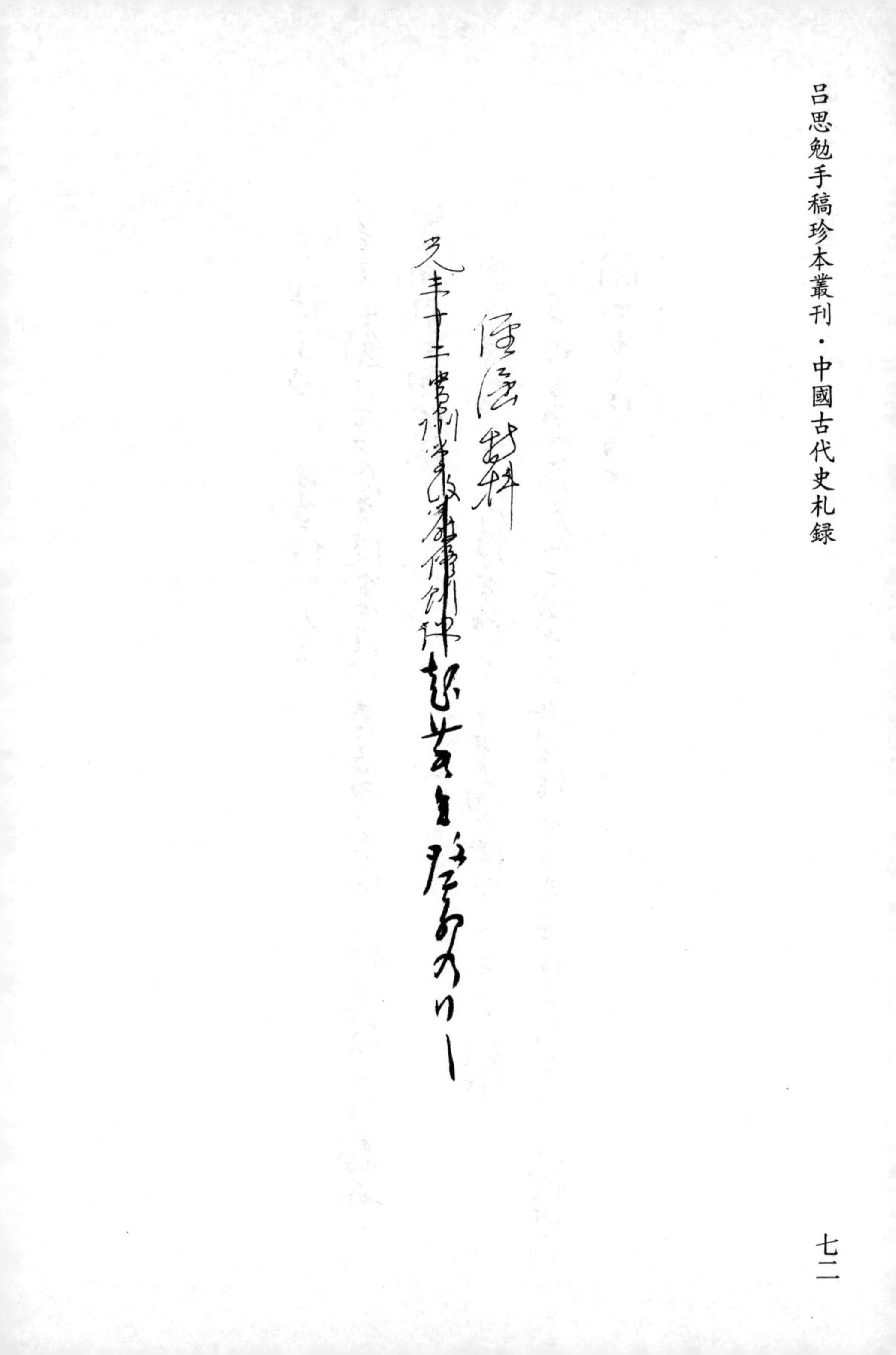

經濟材料

[illegible]

信門先生：

兹有學生任滄霞曾對撰著多至五卷，輯著擇用。本省內有人者二三

位，尤勤敏於今國語文學發生之後，學問甚好一人，以勝眾出之心，合每信仰於

等一人，為對據為親顧。此三人除此以國不學動黨學不學保等凡全輯西典

捐納

唐時開　武[illegible]　吳[illegible]收國　海防　鄭工　款　而[illegible]各條

京郎中以下外官道以下皆可

光27停實官

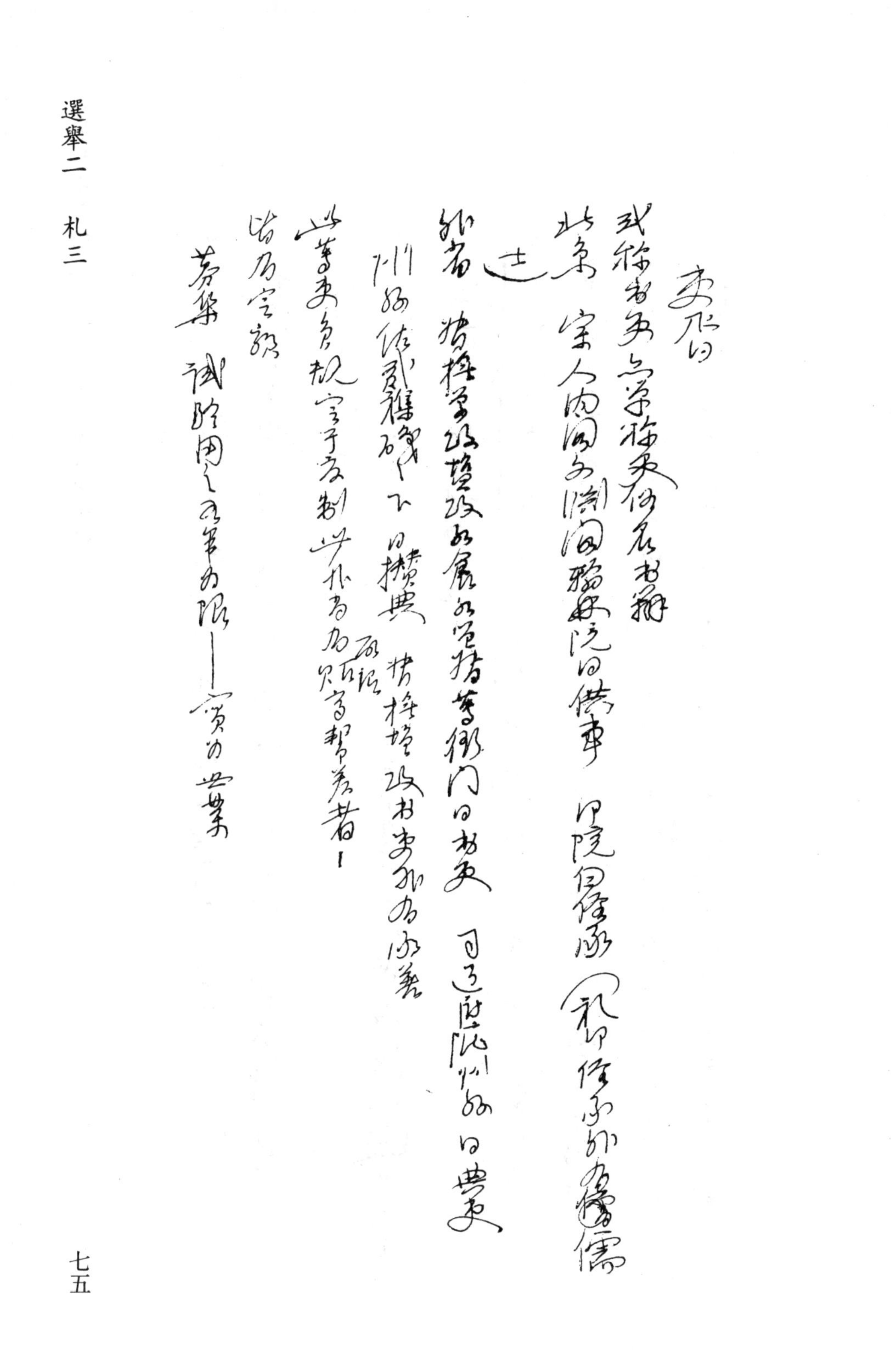

如前比　内閣及東宮翰林中書通判（不識）者從入流

東宮之屬應任翰林識字書寫者一途（宣書同）以識者應除東宮

諸色年高無識者之量授官別用

然從書吏出身者及其僑寓雜術　其至吏以僅選之精細之候選雜職並免上

佐貳之屬知縣以上

今翰林院書吏任滿者即勒令回籍毋許爲吏　寫字之年老滿者以

翰林院所屬書吏勤令回籍選吏如有違者不論其餘屬翰林院筆帖式者查

通　各道之九卿御史嚴參者一旦其後滿者指文回籍其不通十中之一二文

或籍免回籍而十年後期出滿之後故意拜文俄而仍有其書吏入十典故

平籍以後倘候選者名多階級然後與衙門書吏串匿
舞弊六部衙門之卷宗多毀書吏之遁迹陸軍部舞弊西例案恨無之可與
而地居司多掌之書檔案以之作司員把理例案禁再假手書無可裁撤
書吏之命于操縱也二

世祖定崇德以前盛京滿官一等　十五年滿漢同秩不分等級　康熙以後爲滿官

例用金壹一等以後　數十三年滿漢官等定缺

官缺

宗室缺

滿洲缺　滿洲缺　宗室缺外，各缺滿人可得補滿缺

內務府包衣缺（內務府郎中以下（堂主事、內務府主事、司庫、筆帖式等），不論文武，不得外補（惟內務府郎中得以筆帖式陞，惟…）

（堂主事、司庫、郎中總管六庫郎中均爲內務府官員選用）（筆帖式…）　以上…

執行[?]陞補，將內務府漢缺官（惟內務府筆帖式）均

由滿缺選內務府人員補用，內務

府滿缺選，人擬爲別等選

官缺

蒙古缺

漢軍缺（漢軍缺，其出者爲漢缺者，其缺以六品以下…

漢缺（漢缺可爲以上各缺補漢缺，但

一以上（漢軍缺補用，印官爲…）

以上滿人、漢軍人員…補

漢軍人員等任外缺者，從六品以下…缺任武官之漢缺

宋字當書稱位
楷模原亦楷可備對當國之
可查來華僑籍貫乃內案諭

除　有資格而授官

補　有官時一時失其職務，與復職于原衙門或遞補于他衙門　候補此其稱

其補用境域內官吏之總稱

轉　遷任于同一衙門內品級相同職務稱名　如左侍郎轉右侍郎侍讀轉侍讀

改　此衙門遷彼衙門曰改

調　與改意義無大差　調用　調任　對調

陞　進本官一級

任官形式

特簡一特授　全不受制資格及所得制限

簡　吏部一簡擬一科試候補以後奏問　此各朱字寫到

吏部銓選　掣籤　借資格以候選　掣籤出即分自選法　吏部投遞

當該部選　其不可調別候選以定月掣籤　其分轄次及因係為部

以吏部書分外掣

除開月每分六計之月每日出選　掣籤相照後　初五廿五　第作式二十　每

月論以恰月選　月分以月半月次半月

奏出發　有擇橫推授為任調授者授　由吏部咨奉核行選授咨　由其

奏請任命

揀授者，宗室以某衙門某官缺，由某衙門某項人員內揀選正陪二人引見，以候欽裁者也。中缺用之，如內閣學士缺，則以[illegible]缺，欽天監之

推授者，某官缺，及某衙門應陞人員內選擇一人以候補者引見，以候欽裁

揀授者，于某衙門擬授至某官年功，揀授正則二人，擬授者陪

題補者，由吏部選舉，由督撫題請，以補授特定之缺，惟[illegible]附[illegible]，以[illegible]
[illegible]及追附以[illegible]
題者，上奏之義；調者，督撫調換之缺，意欲因其所宜之[illegible]上

奏補者，自奏調

新令典　通附右諸皆有揀有題乃調右爲能別選　庭州縣丁缺右揀右題

右衛右爲能別選　揀缺也若道（口甚因何仍經）使史卽將勝上卽理當院中作了揀其卽院內

當無子訪千人　修道史卽、、若修引見問言補校同知通判史內閣卽如衛

閣使家子一等小宗或華師或中以回一卽武揀選補用　當缺也未卽送缺

至待詔選使轉揀外缺卽下候補人員補任之

地方候補人員分别由「即用」「候補」二種　對之則分發則候補亦該即用
候選者爲京吏之候補在京者在本籍待吏部之「候選」　候補則吏部銓選乃分
發皆爲捐官者其省分在本省待補缺者也——前分省由吏部掣籤後者由捐納
指定
州縣由即選者分有缺即缺即補者及缺最後缺　而即補者乃由署理

若理以降實未始有題也

爲者毋汎海慮益理立精今壽檀之厲精應面寬理兩層相增

武官

世職 有世爵世職 子孫襲者 [illegible] 按等級補授承襲 [illegible]（四）

八旗世職 [illegible]

土司 [illegible]

勳舊佐領 清初率眾歸附之部長 [illegible]

世管佐領 [illegible] 族長 [illegible] 戶口授

互管佐領 [illegible] 兩姓 [illegible] 佐領 [illegible]

武科 [illegible]（一）

蔭生 [illegible] 守備 都司 [illegible]

軍功 [illegible]

行伍 [illegible] 馬糧 步糧 守糧 [illegible] 外委 [illegible] 千總 把總 [illegible]

捐納（三） [illegible]

（二）武進士一甲一名授一等侍衛 二名三名二等 二甲二等 三甲 [illegible] 選授 [illegible]

[illegible] 侍衛 [illegible] 選 [illegible]

[illegible] 侍衛 [illegible] 參將 二等 [illegible] 遊擊 三 [illegible]

等都司准入一二等以參將遊擊用二等遊擊暨都司營內侍衛都司武

守備　武舉無可揀選一二等收隸軍門人營千總三等皆授衛千總　武舉

會試不合格發入軍隊學習並入本省軍隊照習營務三年後據此保送

無可以千把總揀用

武衣書宋功名何經

㊂同治五年以左宗棠奏摺底之見東華續錄

武官缺

有滿洲蒙古漢軍漢人共有者 有專屬者 大略言之八旗內武職皆旗人

綠營武官以漢人為主 旗人亦選有註冊之資格

（一）旗缺 侍衛處 京內八旗各營 各省駐防 除漢軍（漢軍人註冊）侍衛之外皆侍衛

（二）營缺 京內巡捕營 各省督撫提鎮標下綠營 河營 漕運總督以下各營

武官之缺 除營缺之外 大半為滿缺漢缺之分 然其實滿缺亦無幾

漢缺旗人亦得補

（三）衛缺 直隸山東江蘇安徽江西浙江湖廣等省漕船運丁之衛所之

武言之欽諱之衛欽者原係人旗人氏補原係宋不出此選

同門欽　同年侄　譚宗楫頓首

八〇旗武職之任用

副都統以上除奉特旨補任者皆由開列

領侍衛大臣 內大臣 由侍衛處開列

掌鑾衛大臣
管理火器營大臣
健銳大臣
由領侍衛大臣以候補世職知會兵部、開列

都統 副都統
前鋒統領
護軍統領
左右翼總兵
駐防將軍都統副都統
由兵部開列請旨補任

其他由本部本堂本衙門選定候補者奏請引見之分補授

其陵寢翼長　驍騎校以下之地方八旗缺者　由本部長官自候補者中

選定正副二名照會各部之移牒該管都統之旗及直省旗由旗奏

請引見後旨補授

㊁每年八旗都統由副都統中特簡之人掌八旗軍律事年終交代回東年

大臣

各省武職之任用

總兵以上缺出擬補係創由兵部開列——按資歷應陞之二三人兼署間俟候兵部題補

二人奏請引見而後補授

其兩省或部查接管理者揀選引見者由

副將以下一部 揀擬推選以任用 部選及兵等官則由督撫一定 題補

各省各省小差 題由督撫揀擬候選之缺由部 奏請引見 之後

以其名記入兵部毋待該省某缺由兵部以補 調缺則由各省自用

其千總本處長官自用之——校拔

對中央政府各部 此方面更有大計 三年前 此方面有成

特種考試各院各部（仍使伊得以）政府因果改善各縣等之利不多年一

川（仍爲伊選）

（二）各部大計只伊不能速考試須問都部 後來科舉印信

專此 之之意見人

召見及大

召見對召旨

列題 列舉吏部特定之官吏職銜具題而請勅裁 尚侍左都副御

吏列單一本 特授又一本

引見 君主依吏部題奏見而點陞之 二品以下之京堂 內閣侍

讀學士 翰林院侍讀講學士 左右春坊庶子……

奉天府丞照例引見奏奉中請旨定之

會敕 吏部會同大學士 都察院吏科給事職道 寄設 具題請敕 翰

推送 同文 中旨 中書 尊領職事 皆由本處各官處

京察通事即、一依上述之俸銓考之

各部所屬各官之種　以之外如部堂官——是銓衡考　六部理藩院等郎

中以下例由尚書侍郎掌之　内閣翰林院侍讀以下例由大學士掌之

外地詳報令典考之任

各部銓考之の格局　成績三等

の格：守　清謹平；才　長平；政　勤平；年　青壯健

成績：稱職　勤職　供職

守清 才長 政勤 年健青 稱職一等

謹 長 平 年壯老健 勤職二等

勤 年 勤

勤 平 平 供職三等

平 長 勤

無級者——如奉祀官、鳴贊官、欽天監、太醫院——皆以技術爲業，則稱職勤職

供職

超過六十五歲由引見候勅裁

六法

不謹、罷軟無為——革職

浮躁——降三級調用

才力不及——降二級調用

年老、有疾——休致

咸遵奉旨引見人員不得加以參劾，以昭激勸

乾隆五十八年以後停舉卓異——嘉慶元年復之——令以卓異特旨方入引見

大計——外官陞轉特揀

考題　對答按　由搜採搜集史印　一、書查與題請勅裁

會試　以負之送員增員運使以下　總括羅搜之送輩路等與題　史

印全部承院吏科分義之審核發傳共當後告示

依階級行之　廣案之送科州縣　以依順序逐次弟搜之　一從其之名

再寫　奏日時告示之　出

借錢

對各案不計之動果實業及設役

各案一等及大計畢部出日業　各案七之一等作式八之一送附郵如　十六之

一依採發錢三十分之一

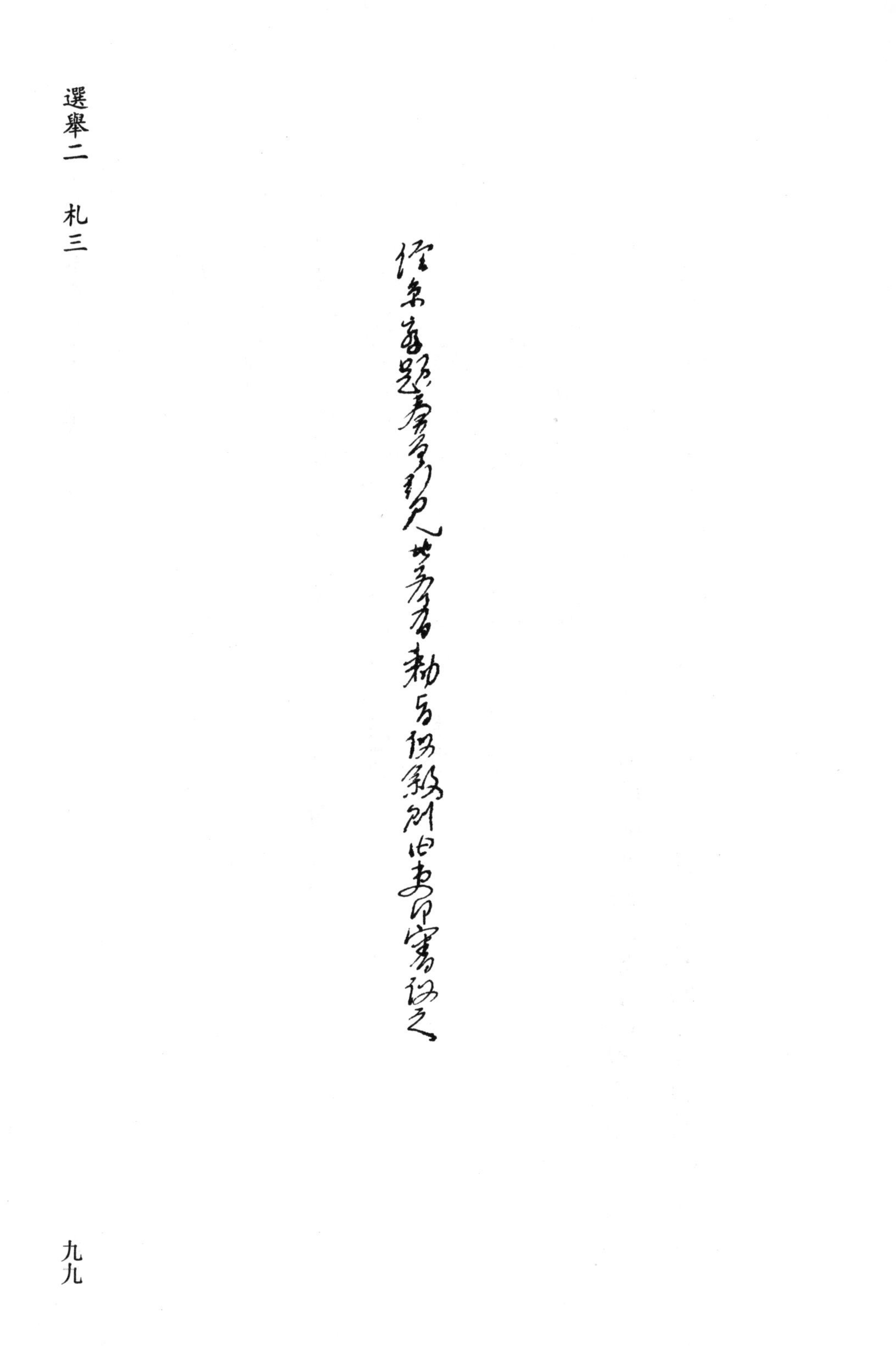

軍政

兵私不足恃

五年以——得其手五年中間以——二年以

出家由兵中出以練習勤敎 熟習兵事者

內挑人以勝 標字 才能 騎射 年力

保營 才技 年力 能然 緣飾

亦皆有文法 質性亦厚相參

兵中才力 標字於左兵武官隨征西北亦以標閱其騎射然後收用亦須相見入補

新者亦必經標閱而後成 雖防及保甲等外之[illegible]兵中之[illegible]即令

回部、藩院無科名者送部驗看引見　其來京系由會試者常須引之勸姑

諭得成

以勵其學習至於選用時　每三年由甘肅以寄大臣考驗其騎射及清語

官吏之懲戒

嘉會典卷八　吏部考功清吏司有事之議處之處分一語（或名議處　清吏司）

又云凡文職處分之法三一曰罰俸其等七二曰降級留任其等三調用其等五三曰革職其等一留任此別為等　又云有議處者經覈則咨刑部

故刑罰與刑之處分均有公私之別

大清律卷四　凡內外大小文武

該公罪一十　犯公罪　罰俸一個月
二十三十　各遞加一月

犯私罪　罰俸兩個月
二十三十　三個月

四十　不過加二月

該杖六十　罰俸一年

七十　降一級

八十　二

九十　三

一百　四級調用

（降一級、二、三）俱留任

一公無私杖決後係當役

廿四十　不過加二月

降一級

小二

三級

四級

（俱）調用

吏典私杖六十以上應革役

革職留任

議處事項

以笞例兼戶部則例二六款不有自己不應降級保不應戒例史

即按其已條以不裁決（照笞例先後結了係議查律）

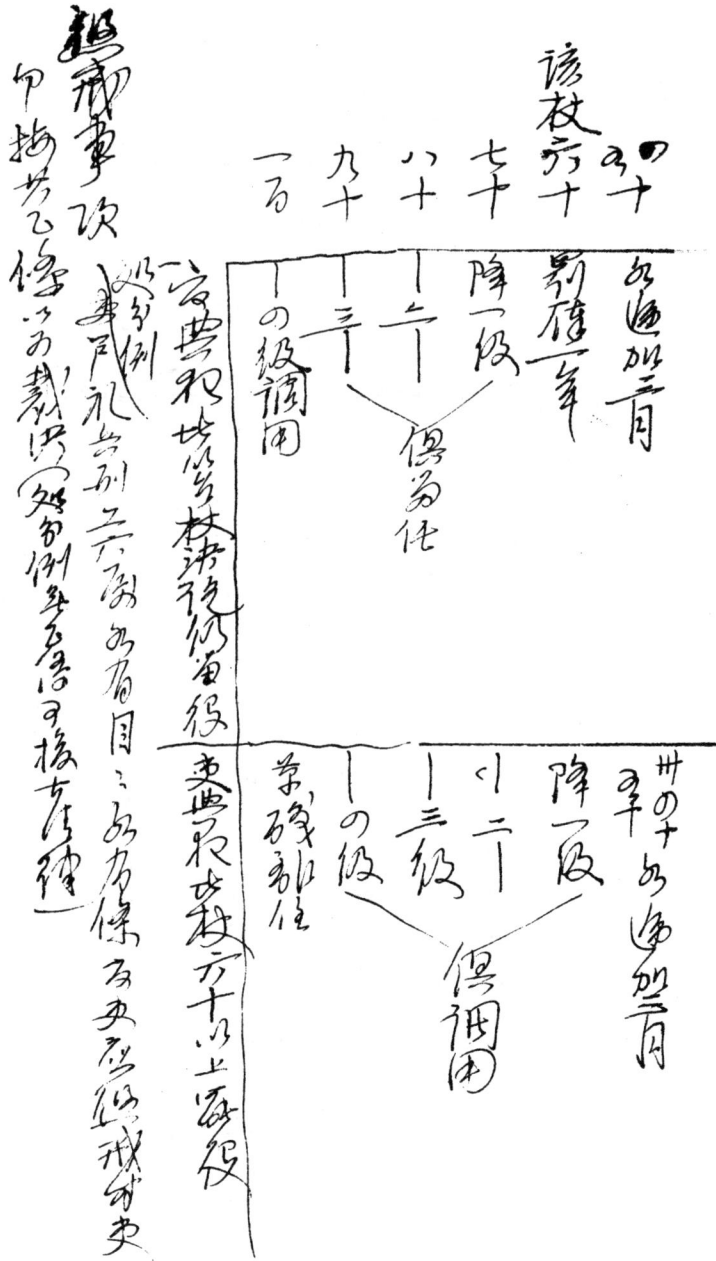

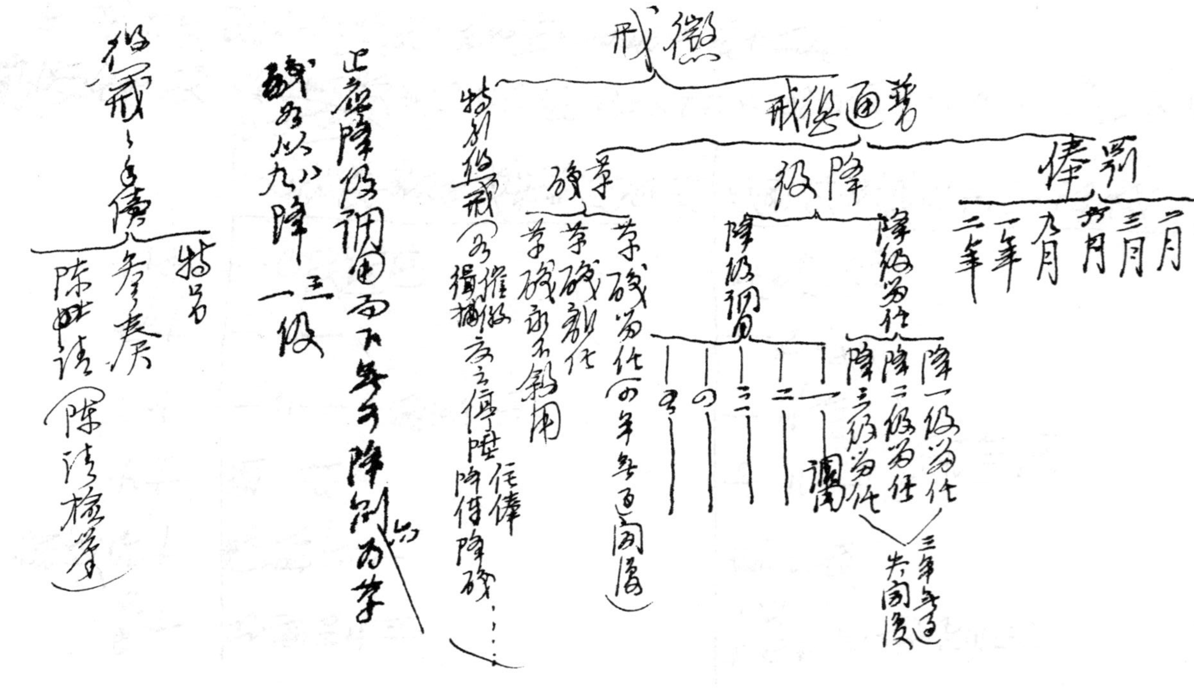

公罪私罪

大凡律例無㊃心失為公罪，有心出之為私罪，則通此出入故意之私㊁

公罪准以加級紀錄㊂抵償，私罪否㊂

㊁等三　一次　二次　三次

㊂等三　一級　二級　三級

㊂合有階級之等十六，即紀錄三、加級三，加一級紀錄一次、二次、三次，加

二級紀錄二次、三次，加三級紀錄三次。每抵一紀錄一次，當罰俸[illegible]

紀錄四次，加一級為降一級抵償。軍功紀錄一次與罰俸一年，紀錄並

俟有降一級，加一級與降二級抵償。

應役

但減其使之等役處

奉勅旨加役處

檢舉失入減役

議減

武殿廷試八股保舉之權　正利去私冤　如何僅除防弊三法立一　嵩示

畢|楊侍加仍見保私冤否|　但楊侍比例小異|　|事了否自　楊學剛

桂之用

滿蒙[illegible]

[illegible]以天聰元年三月日朝鮮[illegible]于[illegible]朝鮮會盟記等大典[illegible]本特旨

[illegible]十[illegible]——[illegible]刻印[illegible]不能[illegible] 或[illegible]

外蒙古[illegible]——各部代理回[illegible]自[illegible]衙門——[illegible]內務府[illegible]

道光[illegible]別[illegible]代[illegible]府——[illegible]衙門[illegible]別衙門[illegible]

朝鮮會盟記（[illegible]）[illegible]

[illegible]二十七[illegible]

八旗[illegible]

武官守制

順治初年題准大小在任守制　康熙六年提督總兵提標題授副將本官長官題
請離任回籍守制　參將以下在任守制　本官長官陳情回籍亦可另題
六月遞元旦進十月以前表畢同黃本收繳事

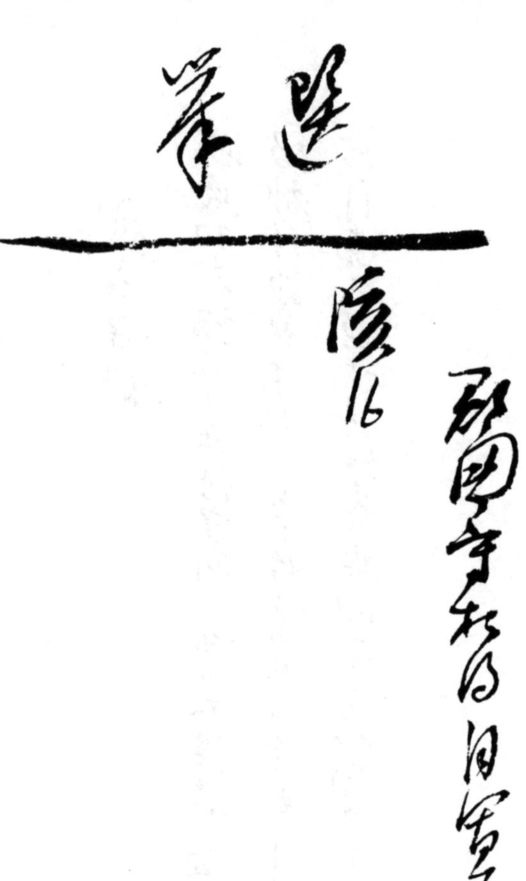

選舉

游士之風自漢初至武帝時甚盛武帝後乃衰歇其原因有二

一 武帝以前不止漢之一王朝其餘諸侯皆喜招來游士且其力亦足以養游士又當戰國之秋故游士活動之範圍廣于是游士之風遂大盛至武帝時封建各國大抵已被削滅即有存者亦名存而實亡力不足以養士而武帝又痛恨諸侯之養士務有養士者武帝常加以殺害于是天下養士者止有武帝一人（司馬相如東方朔枚皐枚乘皆武帝所養之士）養士之人少游士之風乃衰矣

二、至武帝時士乃有可循之出路漢以前士無確定可循之

吏部

劉昭隋書以本部之長吏以五部皆試職程試之宜
豈是傳筆 然先後次校 始爲機權戴
漢公卿九卿二千石皆自辟僚屬 惟太尉東曹主二千石郡
之權要
黄香勉黄門非一郡所能任 此黄門閒之責也

選舉

合天下之人一切考試而同歲于宋而殿

于未履官已數稿三

聊賜選舉法論

選舉

一 攷漢书注引漢官四科取士謂建武為建初

東塾讀书記二

范文正公云条

選舉

歷代の科取士之法

東塾讀書記二

范文正出云条

是

忠臣即功臣

漢書三韓王信傳功為忠臣補注

選舉

名士會衆刺史名其里刺石錄之

此據河水注　卅八、十九

選舉

主父偃者齊臨菑人也學長短縱橫之術晚乃學易春秋百家言游齊諸生閒莫能厚遇也齊諸儒生相與排擯不容於齊家貧假貸無所得迺北游燕趙中山皆莫能厚遇為客甚困孝武元光元年中以為諸侯莫足游者乃西入關見衛將軍衛將軍數言上上不召資用乏留久諸公賓客多厭之乃上書闕下朝奏暮召入見所言九事其八事為律令一事諫伐匈奴書奏天子天子召見三人謂曰公等皆安在何相見之晚也〔集解〕徐廣曰他史記本皆不見嚴安此所錄者皆取漢書耳然漢書不宜乃容大異或寫史記相承闕脫也〔索隱〕纂音撰　於是上乃拜主父偃徐樂嚴安為郎中數見上疏言事詔拜偃為謁者遷樂為中大夫一歲中四遷偃[illegible]尊立衛皇后及發燕王定國陰事偃有功焉大臣皆畏其口賂遺累千金人或說偃曰太橫矣主父曰臣結髮游學四十餘年身不得遂親不以為子昆弟不收賓客棄我我阨日久矣且丈夫生不五鼎食死即五鼎烹耳吾日暮途遠故倒行暴施之〔索隱〕按偃言吾日暮塗遠恐赴前塗不跌故須倒行而逆施乃可及耳今此本作暴暴者言已留久得申當須急暴行事以快意也暴者卒也急也　偃盛言朔方地肥饒外阻河蒙恬城之以逐匈奴內省轉輸戍漕廣中國滅胡之計也上覽其說下公卿議皆言不便公孫弘曰秦時常發三十萬眾築北河終不可就已而棄之主父偃盛言其便上竟用主父計立朔方郡元朔二年主父言齊王內淫佚行僻上拜主父為齊相至齊遍召昆弟賓客五百金予之數之曰始吾貧時昆弟不我衣食賓客不我內門今吾相齊諸君迎我或千里吾與諸君絕矣毋復入偃之門人以王與姊姦事動王王以為終不得脫罪恐效燕王論死乃自殺有司以聞主父始為布衣時嘗游燕趙及其貴發燕事恐其為國患欲上書言其陰事為偃居中不敢發及為齊相出關即使人上書告言主父偃受諸侯金以故諸侯子弟多以得者及齊王自殺上聞大怒以為主父劫其王令自殺乃徵下吏治主父服受諸侯金實不劫王令自殺上欲勿誅是時公孫御史大夫乃言曰齊王自殺無後國除為郡入漢主父偃本首惡陛下不誅主父偃無以謝天下乃遂族主父偃主父偃方貴時賓客以千數及其族死無一人收者唯獨洨孔車〔集解〕徐廣曰孔車洨人也沛有洨縣〔索隱〕洨戶交反車尺奢反　收葬之天子後聞之以為孔車長者也

太史公曰公孫弘行義雖修然亦遇時漢興八十餘年矣〔集解〕徐廣曰漢初至元朔二年八十年也　上方鄉文學招俊乂以廣儒墨弘為舉首主父偃當路諸公皆譽之及名敗身誅士爭言其惡悲夫

史記平津侯主父列傳

前漢書卷六十四上

嚴朱吾丘主父徐嚴終王賈傳第三十四上 師古曰分嚴安以後爲下卷

嚴助會稽吳人嚴夫子子也 張晏曰夫子嚴忌也 或言族家子也 師古曰亦云夫子之族子也 郡舉賢良對策百餘人武帝善助對繇是獨擢助爲中大夫後得朱買臣吾丘壽王司馬相如主父偃徐樂嚴安東方朔枚皋膠倉終軍嚴葱奇等並在左右是時征伐四夷開置邊郡軍旅數發內改制度朝廷多事婁舉賢良文學之士 師古曰婁古屢字 公孫弘起徒步數年至丞相開東閣延賢人與謀議朝覲奏事因言國家便宜上令助等與大臣辯論中外相應以義理之文 師古曰中謂天子之賓客若嚴助之輩也外謂公卿大夫也 大臣數詘 師古曰詘謂計議不如助等每詘服也詘音丘勿反 其尤親幸者東方朔枚皋嚴助吾丘壽王司馬相如相如常稱疾避事朔皋不根持論上頗俳優畜之 師古曰論議委隨不能持正如樹木之無根柢也 唯助與壽王見任用而助最先進

朱買臣字翁子吳人也家貧好讀書不治產業常艾薪樵賣以給食 師古曰艾讀曰刈給供也 擔束薪行且誦書其妻亦負戴相隨數止買臣毋歌嘔道中 師古曰嘔讀曰謳音一侯反 買臣愈益疾歌妻羞之求去買臣笑曰我年五十當富貴 宋祁曰浙本無富字 今已四十餘矣女苦日久待我富貴報女功 師古曰女讀曰汝 妻恚怒曰如公等終餓死溝中耳何能富貴買臣不能留即聽去其後買臣獨行歌道中負薪墓間故妻與夫家俱上冢見買臣飢寒呼飯飲之 師古曰飯謂飤之音扶晚反飲音於禁反 後數歲買臣隨上計吏爲卒將重車至長安 師古曰買臣身自充卒而與計吏將重車也載衣食具曰重車重音直用反 詣闕上書書久不報待詔公車糧用乏上計吏卒更乞匄之 師古曰更音工衡反匄音工大反乞音氣 會邑子嚴助貴幸薦買臣召見說春秋言楚詞帝甚說之 師古曰說讀曰悅 拜買臣爲中大夫與嚴助俱侍中是時方築朔方公孫弘諫以爲罷國 師古曰罷讀曰疲 上使買臣難詘弘語在弘傳

既侍燕從容上問助居鄉里時助對曰家貧爲友壻富人所辱上問所欲對願爲會稽太守於是拜爲會計太守

及淮南王來朝厚賂遺助交私論議及淮南王反事與助相連上薄其罪欲勿誅 師古曰以其過爲輕小 廷尉張湯爭以爲助出入禁門腹心之臣而外與諸侯交私如此不誅後不可治助竟棄市

後買臣坐事免久之召待詔是時東越數反覆買臣因言故東越王居保泉山師古曰保山即今泉州之山也臨海去海十餘里保者保守之以自固也說者乃云保是地名失之矣一人守險千人不得上今聞東越王更徙處南行去泉山五百里居大澤中今發兵浮海直指泉山陳舟列兵席卷南行可破滅也上拜買臣會稽太守上謂買臣曰富貴不歸故鄉如衣繡夜行今子何如買臣頓首辭謝詔買臣到郡治樓船備糧食水戰具須詔書到軍與俱進師古曰須待也初買臣免待詔常從會稽守邸者寄居飯食師古曰飯音扶晚反拜為太守買臣衣故衣懷其印綬步歸郡邸直上計時會稽吏方相與羣飲師古曰直讀曰值不視買臣買臣入室中守邸與共食食且飽少見其綬師古曰見顯示也守邸怪之前引其綬視其印會稽太守章也守邸驚出語上計掾吏皆醉大呼曰妄誕耳師古曰誕大言也呼音火故反次下亦同守邸曰試來視之其故人素輕買臣者入視之還走疾呼曰實然坐中驚駭白守丞服虔曰守邸丞也張晏曰漢舊郡國丞長吏與計吏俱送計也師古曰張說是也謂之守丞者繫太守而言也守音式授反相推排陳列中庭拜謁買臣徐出戶有頃長安廄吏乘駟馬車來迎張晏曰故事大夫乘官車駕駟如今州牧刺史矣買臣遂乘傳去師古曰傳音張戀反會稽聞太守且至發民除道縣吏並送迎車百餘乘入吳界見其故妻妻夫治道買臣駐車呼令後車載其夫妻到太守舍置園中給食之師古曰食讀曰飤居一月妻自經死買臣乞其夫錢令葬師古曰乞音氣悉召見故人與飲食諸嘗有恩者皆報復焉師古曰復音扶目反居歲餘買臣受詔將兵與橫海將軍韓說等俱擊破東越師古曰說讀曰悅有功徵入為主爵都尉列於九卿數年坐法免官復為丞相長史張湯為御史大夫始買臣與嚴助俱侍中貴用事湯尚為小吏趨走買臣等前後湯以廷尉治淮南獄排陷嚴助買臣怨湯及買臣為長史湯數行丞相事知買臣素貴故陵折之買臣見湯坐牀上弗為禮師古曰言不動容以禮之也為音于偽反買臣深怨常欲死之師古曰致死以害之○宋祁曰越本無深字○後遂告湯陰事湯自殺上亦誅買臣買臣子山拊如淳曰拊音夫官至郡守右扶風

捐之數召見言多納用時中書令石顯用事捐之數短顯師古曰短謂說其長短以故不得官後稀復見而安令楊興新以材能得幸與捐之相善捐之欲得召見謂興曰京兆尹缺使我得見言君蘭張晏曰楊興字京兆尹可立得興曰縣官嘗言興瘉薛大夫張晏曰瘉勝也薛廣德為御史大夫師古曰瘉與愈同我易助也君房下筆言語妙天下師古曰於天下最為精妙耳使君房為尚書令勝五鹿充宗遠甚捐之曰令我得代充宗君蘭為京兆京兆郡國首尚書百官本天下真大治士則不隔矣捐之前言平恩侯可為將軍張晏曰許嘉也期思侯並可為諸曹師古曰期思侯當是賁赫之後嗣也而表不載皆如言又薦謁者滿宣立為冀州刺史言中謁者不宜受事宦者不宜入宗廟立止相薦之信不當如是乎師古曰冀相薦之效當如前所言諸士見納用○宋祁曰注文士字姚本作事興曰我復見言君房也捐之復短石顯興曰顯鼎貴淳曰鼎音釘言方且欲貴矣方且是也讀如本字上信用之今欲進弟從我計師古曰弟但也且與合意即得入矣捐之即與興共為薦顯奏曰竊見石

如 師古曰

顯本山東名族有禮義之家也持正六年未嘗有過明習於事敏而疾見出公門入私門師古曰言自公庭出即歸其家不妄交遊宜賜爵關內侯引其兄弟以爲諸曹又共爲薦興奏曰竊見長安令興幸得以知名數召見興事父母有曾氏之孝師古曰曾參也事師有顏閔之材師古曰顏回閔子騫榮名聞於四方明詔舉茂材列侯以爲首爲長安令吏民敬鄉師古曰鄉讀曰嚮道路皆稱能觀其下筆屬文則董仲舒進

乾隆四年校刊　前漢書卷六十四　列傳　五十三

談動辭則東方生置之爭臣則汲直張晏曰汲黯方直故世謂之汲直用之介冑則冠軍侯施之治民則趙廣漢抱公絕私則尹翁歸興兼此六人而有之守道堅固執義不回師古曰回邪也臨大節而不可奪國之良臣也可試守京兆尹石顯聞知白之上廼下興捐之獄令皇后父陽平侯禁與顯共雜治奏興捐之懷詐僞以上語相風更相薦譽師古曰風讀曰諷更音工衡反欲得大位漏泄省中語罔上不道書曰讒說殄行震驚朕師師古曰虞書舜典之辭也言讒巧之說殄絕君子之行震驚我衆王制順非而澤不聽而誅師古曰禮記王制云行僞而堅言僞而辯學非而博順非而澤以疑衆殺謂人有堅爲辯言不以誠質學於非道雖博無用飾非文過辭語順澤不聽教命有如此者皆誅殺也○劉敞曰不聽而誅者即王制所云此四誅者不以聽耳何說不聽教命乎請論如法捐之竟坐棄市興減死罪一等髡鉗爲城旦成帝時至部刺史

贊曰詩稱戎狄是膺荊舒是懲師古曰魯頌閟宮之詩也膺當也懲創刈也言魯僖公與齊桓舉義兵北當戎狄南創荊蠻與羣舒以靖難久矣其爲諸夏患也漢興征伐胡越於是爲盛究觀淮南捐之主父嚴安之義深切著明師古曰究極也故備論其語世稱公孫弘排主父張湯陷嚴助石顯譖捐之察其行迹主父求欲鼎亨而得族嚴賈出入禁門招權利死皆其所也亦何排陷之恨哉

以貲爲郎事孝景帝爲武騎常侍【索隱】張揖曰秩六百石常侍從格猛獸 非其好也會景帝不好辭賦是時梁孝王來朝從游說之士齊人鄒陽淮陰枚乘吳莊忌夫子之徒【集解】徐廣曰名忌字夫子【索隱】案鄒陽傳云枚先生嚴夫子即此夫子是美稱時人以爲號爾而徐廣云字爲非漢書作嚴忌者案忌本姓莊避明帝諱莊改姓嚴也 相如見而說之因病免客游梁梁孝王令與諸生同舍相如得與諸生游士居數歲乃著子虛之賦會梁孝王卒相如歸而家貧無以自業素與臨邛令王吉相善吉曰長卿久宦遊不遂而來過我於是相如往舍都亭【索隱】案臨邛郭下之亭也 臨邛令繆爲恭敬日往朝相如相如初尚見之後稱病使從者謝吉吉愈益謹肅臨邛中多富人而卓王孫家僮八百人程鄭亦數百人二人乃相謂曰令有貴客爲具召之并召令令既至卓氏客以百數至日中謁司馬長卿長卿謝病不能往臨邛令不敢嘗食自往迎相如相如不得已彊往一坐盡傾酒酣臨邛令前奏琴曰竊聞長卿好之願以自娛相如辭謝爲鼓一再行【索隱】案古樂府長歌行短歌行皆曲引也此言鼓一再行謂一兩曲 是時卓王孫有女文君新寡好音故相如繆與令相重而以琴心挑之【集解】郭璞曰以琴中音挑動之【索隱】張揖云挑嬈也以琴中嬈之挑音徒了反嬈音如了反其詩曰鳳兮鳳兮歸故鄉遨遊四海求其皇有一艷女在此堂室邇人遐毒我腸何由交接爲鴛鴦又曰鳳兮鳳兮從皇棲得托子尾永爲妃交情通體必和諧中夜相從別有誰

乾隆四年校刊

史記卷一百十七　列傳

五

相如之臨邛從車騎雍容閒雅甚都【集解】韋昭曰閒讀曰閑甚得都邑之容郭璞曰都猶姣也詩曰洵美且都 及飲卓氏弄琴文君竊從戶窺之心悅而好之恐不得當也既罷相如乃使人重賜文君侍者通殷勤文君夜亡奔相如【索隱】郭璞云婚不以禮爲奔也 相如乃與馳歸家居徒四壁立【集解】郭璞曰言貧窮也【索隱】案孔文祥云徒空也家空無資儲但有四壁而已言貧此中以安立也 卓王孫大怒曰女至不材我不忍殺不分一錢也人或謂王孫王孫終不聽文君久之不樂曰長卿第俱如臨邛【索隱】文穎云第且也郭璞云第發語之急耳如生也 從昆弟假貸猶足爲生何至自苦如此相如與俱之臨邛盡賣其車騎買一酒舍酤酒而令文君當鑪【集解】韋昭曰鑪酒肆也以土爲墮邊高似鑪 相如身自著犢鼻褌【集解】韋昭曰今三尺布作形如犢鼻稱此者言其無恥也今鋼印言犢組此其類矣 與保庸雜作【集解】韋昭曰案方言保庸謂之甬南方奴婢賤稱也 滌器於市中【集解】韋昭曰瓦器也每食必滌溉者 卓王孫聞而恥之爲杜門不出昆弟諸公【集解】郭璞曰諸公父行也 更謂王孫曰有一男兩女所不足者非財也今文君已失身於司馬長卿長卿故倦游【集解】郭璞曰厭游宦也 雖貧其人材足依也且又令客獨柰何相辱如此卓王孫不得已分予文君僮百人錢百萬及其嫁時衣被財物文君乃與相如歸成都買田宅爲富人居久之蜀人楊得意爲狗監侍上【集解】郭璞曰主獵犬也 上讀子虛賦而善之曰朕獨不得與此人同時哉得意曰臣邑人司馬相如自言爲此賦上驚乃召問相如相如曰有是然此乃諸侯之事未足觀也請爲天子游獵賦賦成奏之上許令尚書給筆札相如以子虛虛言也爲楚稱【集解】郭璞曰稱說楚之美

選舉

武功扶風西界小邑也谷口蜀剗道近山[正義]括地志云漢武功縣在渭水南今盩厔縣西界也駱谷關在雍州之盩厔縣西南二十里開駱谷道以通梁州也按行谷有剗道也安以爲武功小邑無豪易高也[索隱]易音以豉反言邑小無豪易得高名也安留代人爲求盜亭父[集解]郭璞曰亭卒也[正義]安留武功替人爲求盜亭父也應劭云舊時亭有兩卒其一爲亭父掌關閉掃除一爲求盜掌逐捕盜賊也後爲亭長[正義]百官表云十里一亭亭有長也邑中人民俱出獵任安常爲人分麋鹿雉兔部署老小當壯劇易處衆人皆喜曰無傷也任少卿[正義]少卿安字分別平有智略明日復合會會者數百人任少卿曰某子甲何爲不來乎諸人皆怪其見之疾也其後除爲三老[正義]百官表云十亭一鄉鄉有三老一人掌教化也舉爲親民出爲三百石長[正義]百官表云萬戶已上爲令秩千石至六百石減萬戶爲長秩五百石至三百石皆有丞尉也治民坐上行出游共帳不辦斥免乃爲衛將軍舍人與田仁會俱爲舍人居門下同心相愛此二人家貧無錢用以事將軍家監家監使養惡齧馬兩人同牀臥仁竊言曰不知人哉家監也任安曰將軍尚不知人何乃家監也衛將軍[正義]衛青也從此兩人過平陽主主家令兩人與騎奴同席而食此二子拔刀列斷席別坐主家皆怪而惡之莫敢呵其後有詔募擇衛將軍舍人以爲郎將軍取舍人中富給者令具鞍馬絳衣玉具劍欲入奏之會賢大夫少府趙禹來過衛將軍將軍呼所舉舍人以示趙禹趙禹以次問之十餘人無一人習事有智略者趙禹曰吾聞之將門之下必有將類傳曰不知其君視其所使不知其子視其所友今有詔舉將軍舍人者欲以觀將軍而能得賢者文武之士也今徒取富人子上之又無智略如木偶人衣之綺繡耳將奈之何於是趙禹悉召衛將軍舍人百餘人以次問之得田仁任安曰獨此兩人可耳餘無可用者衛將軍見此兩人貧意不平趙禹去謂兩人曰各自具鞍馬新絳衣兩人對曰家貧無用具也將軍怒曰今兩君家自爲貧何爲出此言鞅鞅如有移德於我者何也[集解]徐廣曰移猶施也將軍不得已上籍以聞有詔召見衛將軍舍人此二人前見詔問能略相推第也田仁對曰提桴鼓立軍門使士大夫樂死戰鬬仁不及任安任安對曰夫決嫌疑定是非辯治官使百姓無怨心安不及仁也武帝大笑曰善使任安護北軍使田仁護邊田穀於河上此兩人立名天下

史記 [illegible] 叔傳褚補

至九卿子偃至諸侯相黯姊子司馬安亦少與黯爲太子洗馬安文深巧善宦四至九卿以河南太守卒昆弟以安故同時至二千石十人濮陽段宏始事蓋侯信服虔曰景帝王皇后兄也信任宏蘇林曰任保舉官亦再至九卿然衛人仕者皆嚴憚汲黯出其下

史記卷一百二

張釋之馮唐列傳第四十二

張廷尉釋之者堵陽人也【索隱】韋昭堵音赭又音者字地名屬南陽【正義】應劭曰哀帝改爲順陽水東南入蔡括地志云順陽故城在鄧州穰縣西三十里楚之郇邑也及蘇秦傳云楚北有郇陽並謂此也字季有兄仲同居以訾爲騎郎【集解】如淳曰雇錢若出穀也如淳曰漢儀注訾五百萬得爲常侍郎【索隱】訾音子移反字苑云訾積財也事孝文帝十歲不得調無所知名釋之曰久宦減仲之產不遂欲自免歸中郎將袁盎知其賢惜其去乃請徙釋之補謁者【正義】百官表云謁者掌賓讚受事員十七人秩比六百石也

繇來久師古曰繇讀與由同由從也曹雖有公職事家亦望私恩意掾宜從衆歸對妻子設酒肴請鄰里壹关相樂應劭曰以壺矢椸樂也晉灼曰書篆形壺关字象壺矢因曰壺矢此說非也師古曰晉說是也壺关謂一爲歡关耳关古笑字也斯亦可矣扶慙愧官屬善之宣爲人好威儀進止雍容甚可觀也性密靜有思師古曰有智思也音先寺反思省吏職求其便安師古曰省觀也下至財用筆研皆爲設方略利用而省費師古曰利便也省減也便於用而減於費也省所領反吏民稱之郡中清靜遷爲少府共張職辦師古曰共讀曰供音居用反張音竹亮反月餘御史大夫于永卒谷永上疏曰帝王之德莫大於知人知人則百僚任職天工不曠師古曰工官也曠空也故皐陶曰知人則哲能官人師古曰虞書皐陶謨之辭也哲智也無所不知故能官人也御史大夫內承本朝之風化外佐丞相統理天下任重職大非庸材所能堪今當選於羣卿以充其缺得其人則萬姓欣喜百僚說服師古曰說讀曰悅不得其人則大職墮斁王功不興師古曰墮毀也斁壞也墮音火規反斁音丁固反虞帝之明在茲壹舉可不致詳竊見少府宣材茂行絜達於從政前爲御史中丞執憲轂下師古曰言在天子輦轂之下不吐剛茹柔師古曰大雅烝民之詩云惟仲山甫剛亦不吐柔亦不茹言其平正也茹食也音人庶反舉錯時當師古曰言其合時而當理也當音丁浪反出守臨淮陳留二郡稱治爲左馮翊崇教養善威德並行衆職脩理姦軌絕息辭訟者歷年不至丞相府赦後餘盜賊什分三輔之一文穎曰減三輔之賊什九也功效卓爾自左內史初置以來未嘗有也師古曰馮翊本左內史之地故云然孔子曰如有所譽其有所試師古曰論語載孔子之言也所以言譽人者必當試之以事宣考績功課簡在兩府師古曰簡大也亦曰明也兩府丞相御史府也不敢過稱以奸欺誣之辠師古曰過稱謂踰其實而妄稱譽之也奸犯也音干臣聞賢材莫大於治人宣已有效法律任廷尉有餘經術文雅足以謀王體斷國論身兼數器有退食自公之節師古曰自從也召南羔羊之詩美在位皆節儉正直其詩曰退食自公委蛇委蛇言與大夫履清絜減退勝合人率從公道也宣無私黨游說之助臣恐陛下忽於羔羊之詩舍公實之臣任華虛之譽是用越職陳宣行能唯陛下留神考察上然之遂以宣爲御史大夫數月代張禹爲丞相封高陽侯食邑千戶宣除趙貢兩子爲史貢者趙廣漢之兄子也爲吏亦有能

平帝紀第十二

孝平皇帝荀悅曰諱衎之字曰樂應劭曰布綱治紀曰平師古曰衎音口旱反元帝庶孫中山孝王子也母曰衛姬年三歲嗣立爲王元壽二年六月哀帝崩太皇太后詔曰大司馬賢年少不合衆心師古曰董賢其上印綬罷賢即日自殺○劉攽曰唐本無即日二字新都侯王莽爲大司馬領尚書事秋七月遣車騎將軍王舜大鴻臚左咸使持節迎中山王師古曰爲使而持節也使音所吏反辛卯貶皇太后趙氏爲孝成皇后退居北宮哀帝皇后傅氏退居桂宮師古曰北宮及桂宮皆在城中而非未央宮中也孔鄉侯傅晏少府董恭等皆免官爵徙合浦師古曰恭董賢之父九月辛酉中山王即皇帝位劉攽曰辛酉去哀帝崩六十四日謁高廟大赦天下帝年九歲太皇太后臨朝大司馬莽秉政百官總已以聽於莽師古曰聚束曰總音揔詔曰夫赦令者將與天下更始誠欲令百姓改行絜已全其性命也往者有司多舉奏赦前事累增罪過誅陷亡辜殆非重信慎刑洒心自新之意也師古曰洒濯也音先禮反及選舉者其歷職更事有名之士則以爲難保師古曰更經也難保者言已嘗有罪過不可保也更音工衡反廢而弗舉甚謬於赦小過舉賢材之義師古曰論語云仲弓問政孔子曰赦小過舉賢材故此詔引之諸有臧及內惡未發而薦舉者皆勿案驗師古曰有臧謂以臧貨致罪令士厲精鄉進師古曰鄉讀曰嚮不以小疵妨大材師古曰疵病也自今以來有司無得陳赦前事置奏上師古曰置立也置奏上謂立文以陳上也上音時掌反有不如詔書爲虧恩以不道論定著令布告天下使明知之

前漢書卷九考證

元帝紀以三輔太常郡國公田及苑○胡三省曰太常掌諸陵邑故亦有公田及苑　中常侍許嘉○胡三省曰按表侍中中常侍皆加官西都參用士人東都以宦者爲中常侍　北假田官○臣召南按水經注曰自高闕以東夾山帶河陽山以西皆北假也

詔丞相御史舉質樸敦厚遜讓有行者光祿歲以此科第郎從官注○臣召南按所云舉光祿四行者即起于此後漢書吳祐以光祿四行遷膠東侯相注引漢官儀曰淳厚質樸遜讓節儉也蓋漢時朝廷從官俱屬光祿勳自太中大夫中大夫諫大夫及郎議郎中郎侍郎郎中其員多至千人故令光祿勳第其賢否　以太常任千秋爲奮威將軍○按馮奉世傳作奮武將軍二一錯

選舉

弟子毋置員以廣學者賜宗室子有屬籍者馬一匹至二駟三老孝者帛人五匹弟者力田三匹鰥寡孤獨二匹吏民五十戶牛酒省刑罰七十餘事除光祿大夫以下至郎中保父母同產之令應劭曰舊時相保一人有過皆當坐之師古曰特為郎中以上除此令者所以優之也同產謂兄弟也

漢之紀初之目

三月有星孛于王良閣道入紫宫（蘇林曰皆星名）夏四月詔曰舉廉吏誠欲得其真也吏六百石位大夫有罪先請秩祿上通足以效其賢材自今以來毋得舉（韋昭曰吏六百石者不得復舉爲廉吏也）冬十二月甲戌帝崩于未央宫（臣瓚曰帝年十八卽位卽位二十五年壽四十三）癸巳尊皇太后曰太皇太后（師古曰於此已書尊太皇太后而元紀之首又重書之然尊太皇太后及皇太后宜同一時則元紀爲是而此紀誤重之）

隨宣紀書如之

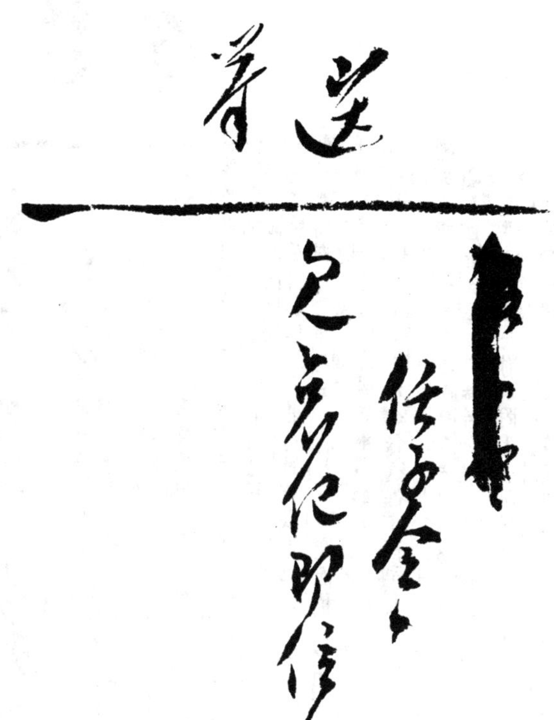

選舉

元朔元年應劭曰朔蘇也孟康曰后來其蘇蘇息也言萬民品物大繁息也師古曰朔猶始也言更爲初始也蘇息之息非息生義應說失之冬十一月詔曰公卿大夫所使總方略壹統類廣
教化美風俗也夫本仁祖義褒德祿賢勸善刑暴師古曰本仁祖義謂以仁義爲本始五帝三王所繇昌也師古曰五帝伏羲神農黃帝堯舜三王夏殷周也繇讀與由同朕
夙興夜寐嘉與宇內之士臻於斯路師古曰天地四方爲宇臻至也故旅耆老復孝敬師古曰旅耆老者加惠於耆老之人若賓旅也復孝敬者謂優復孝弟之人也復音方目反選豪俊
講文學師古曰講謂和習之稽參政事祈進民心師古曰祈求也深詔執事興廉舉孝庶幾成風紹休聖緒師古曰休美也緒業也言紹先聖之休緒也故下言昭先帝聖緒夫
十室之邑必有忠信三人並行厥有我師師古曰論語稱孔子云十室之邑必有忠信如丘者焉又曰三人行必有我師焉擇其善者而從之其不善者而改之故詔引焉今或至闔郡而不
薦一人師古曰闔閉也總一郡之中故云闔郡是化不下究而積行之君子雍於上聞也師古曰究竟也言見壅遏不得聞達於天子也雍讀曰壅二千石官長紀綱人倫師古
曰謂郡之守尉縣之令長將何以佐朕燭幽隱勸元元師古曰燭照也元元善意厲蒸庶師古曰蒸衆也崇鄉黨之訓哉且進賢受上賞蔽賢蒙顯戮古之道也
其與中二千石禮官博士議不舉者罪有司奏議曰古者諸侯貢士壹適謂之好德服虔曰適得其人再適謂之賢賢三適謂之有功
廼加九錫應劭曰一曰車馬二曰衣服三曰樂器四曰朱戶五曰納陛六曰虎賁百人七曰鈇鉞八曰弓矢九曰秬鬯此皆天子制度尊之故事事錫與但數少耳張晏曰九錫經本無文周禮以爲九命春秋說有之臣瓚曰九錫備物伯者之
盛禮齊桓晉文猶不能備今三進賢便受之似不然也當受進賢之一錫尚書大傳云三適謂之有功賜以車服弓矢是也師古曰總列九錫應說是也進賢一錫瓚說是也不貢士壹則黜爵再則黜地三則黜爵
地畢矣李奇曰爵地俱削盡夫附下罔上者死附上罔下者刑與聞國政而無益於民者斥師古曰與讀曰豫斥謂棄逐之在上位而不能進賢者退此
所以勸善黜惡也今詔書昭先帝聖緒令二千石舉孝廉所以化元元移風易俗也不舉孝不奉詔當以不敬論張晏曰謂其不勸求士報
國不察廉不勝任也當免張晏曰當率身化下今親宰牧而無賢人爲不勝任也奏可十二月江都王非薨春三月甲子立皇后衛氏詔曰朕聞天地不

選舉

附

張氏之光元年十月初八 鄒國舉書廣西

一人

漢書西域傳罽賓言傳曰土之義其者禾

君子明其甚嚴故中人皆可使為君子也憩

東方人生之文之傳古制之禮制是也

史三歲間仲翁至光祿大夫給事中望之以射策甲科爲郎師古曰射策者謂爲難問疑義書之於策量其大小署爲甲乙之科列而置之不使彰顯有欲射者隨其所取得而釋之以知優劣射之言投射也對策者顯問以政事經義令各對之而觀其文辭定高下也署小苑東門候師古曰署補署也門候主候時而開閉也仲翁出入從倉頭廬兒師古曰皆官府之給賤役者也解在貢禹傳○宋祁曰貢禹傳當是鮑宣傳下車趨門傳呼甚寵師古曰趨讀曰趣趣嚮也下車而嚮門傳聲而呼侍從者甚有尊寵也○宋祁曰注文尊寵下疑有之榮字顧謂望之曰不肯錄錄反抱關爲師古

選舉

士數使録冤獄行風俗（師古曰：行，下更反）振贍流民奉使稱旨（宋祁曰：旨當作意，越本作意）由是知名是時博士選三科高爲尚書（宋祁曰：浙本作三科高）第次爲刺史其不通政事以久次補諸侯太傅光以高第爲尚書觀故事品式數歲明習漢制及法令上甚信任之轉爲僕射尚書令（師古曰先爲僕射後爲尚書令）有詔光周密謹慎未嘗有過（○宋祁曰有詔字下當有以字）加諸吏官以子男放爲侍郎給事黄門數年遷諸吏光祿大夫秩中二千石給事中賜黄金百斤領尚書事後爲光祿勳復領尚書諸吏給事中如故凡典樞機十餘年守法度修故事上有所問據經法以心所安而對不希指苟合（師古曰希指希望天子旨意也）如或不從不敢强諫爭以是久而安（○宋祁曰浙本云發安）時有所言輒削草槀（服虔曰言已繕書輒削壞其草也○宋祁曰注文繕字下監本有事字）以爲章主之過以奸忠直人臣大罪也（師古曰奸求也奸忠直之名也奸音干○宋祁曰注文奸忠當作求忠）有所薦舉唯恐其人之聞知沐日歸休兄弟妻子燕語終不及朝省政事或問光温室省中樹皆何木也（晉灼曰長樂宮中有温室殿）光嘿不應更荅以它語其不泄如是光帝師傅子少以經行自著進官蚤成（師古曰蚤古早字）不結黨友養游說有求於人既性自守亦其勢然也（師古曰言以名父之子學官早成不須黨援也○宋祁曰注文官字别本作宦）徙光祿勳爲御史大夫綏和中上即位二十五年無繼嗣至親有同産弟中山孝王及同産弟

又言舜湯不用三公九卿之世而舉皋陶伊尹李奇曰不繼世而爵也言皋陶伊尹非三公九卿之世不仁者遠師古曰任用賢人故黜讒佞今使俗吏得任子弟張晏曰子弟以父兄任爲郎率多驕驁不通古今師古曰驁與傲同至於積功治人亡益於民此伐檀所爲作也師古曰伐檀詩篇名刺在位貪鄙無功而受祿○朱邦曰注文一本刺不用賢也在魏國風也宜明選求賢除任子之令外家及故人可厚以財不宜居位

漢書王吉傳

吉與貢禹爲友世稱王陽在位貢公彈冠師古曰彈冠者言入仕也言其取舍同也師古曰取進趣也舍止息也元帝初即位遣使者徵貢禹與吉吉年老道病卒上悼之復遣使者弔祠云初吉兼通五經能爲騶氏春秋以詩論語教授好梁丘賀說易令子駿受焉駿以孝廉爲郎左曹陳咸薦駿賢父子經明行修宜顯以厲俗光祿勳匡衡亦舉駿有專對材師古曰專對謂見問即對無所疑也論語稱孔子曰使於四方不能專對雖多亦奚以爲遷諫大夫使責淮陽憲王師古曰以其有口辭遷趙內史吉坐昌邑王被刑後戒子孫毋爲王國吏故駿道病免官歸起家復爲幽州刺史遷司隸校尉奏免丞相匡衡遷少府八歲成帝欲大用之出駿爲京兆尹試以政事先是京兆有趙廣漢張敞王尊王章至駿皆有能名故京師稱曰前有趙張後有三王而薛宣從左馮翊代駿爲少府會御史大夫缺谷永奏言聖王不以名譽加於實效師古曰言考績用人之法不聽虛名考績用人之法師古曰言用人之法皆須考以功績薛宣政事已試師古曰言有效也上然其議宣爲少府月餘遂超御史大夫至丞相駿乃代宣爲御史大夫並居位六歲病卒翟方進代駿爲大夫數月薛宣免遂代爲丞相衆人爲駿恨不得封侯

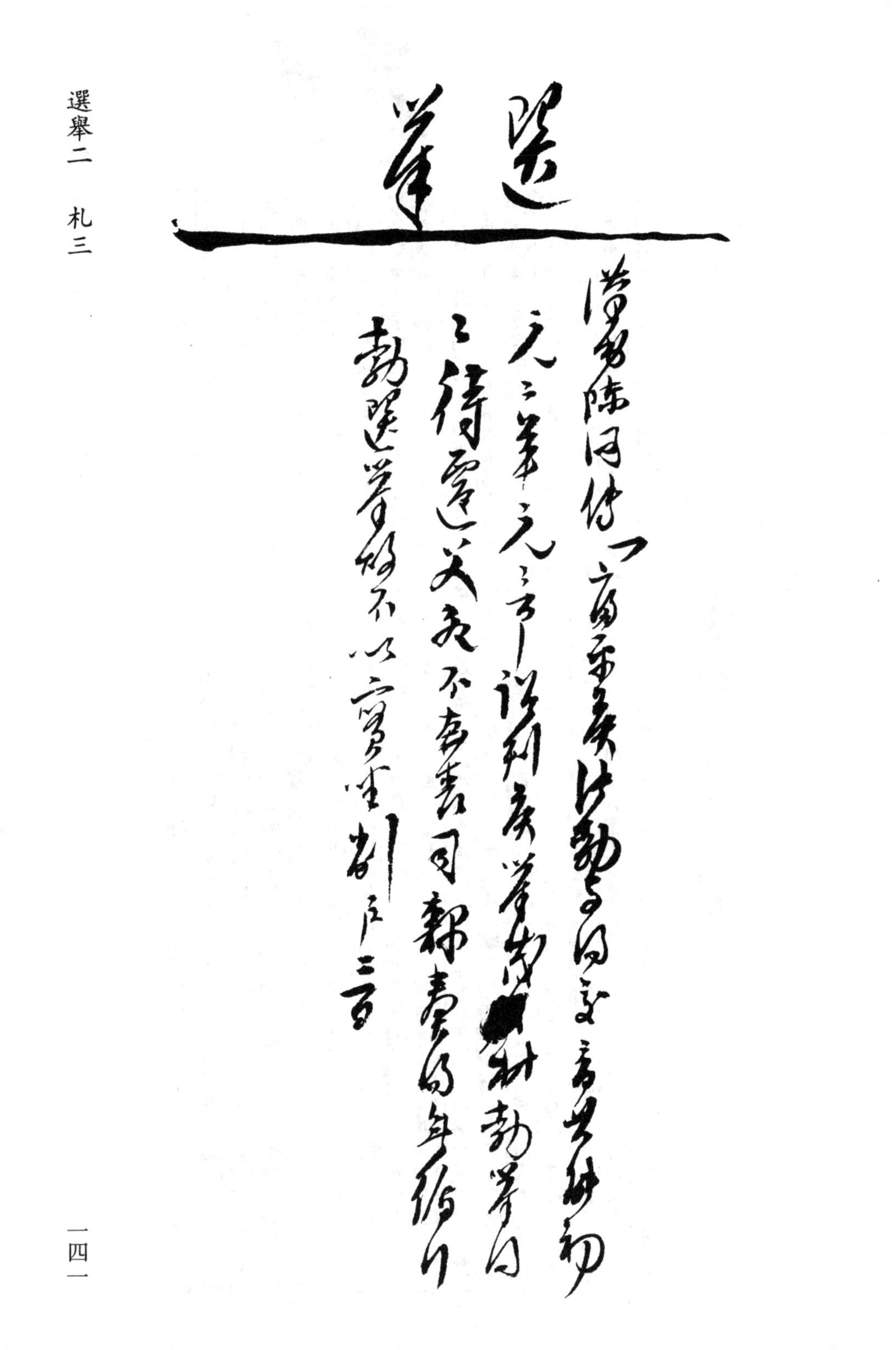

選舉

漢書霍光傳

後也光薨後語稍泄○宋祁曰稍下疑有漏字於是上始聞之而未察師古曰未知其虛實迺徙光女壻度遼將軍未央衛尉平陵侯范明友為光祿勳次壻○宋祁曰次字下當有女字諸吏中郎將羽林監任勝出為安定太守數月復出光姊壻給事中光祿大夫張朔為蜀郡太守羣孫壻中郎將王漢為武威太守頃之復徙光長女壻長樂衛尉鄧廣漢為少府更以禹為大司馬冠小冠亡印綬罷其右將軍屯兵官屬特使禹官名與光俱大司馬者蘇林曰特但也○宋祁曰使禹官名字删官字名下當添為字又收范明友度遼將軍印綬但為光祿勳及光中女壻趙平為散騎騎都尉光祿大夫將屯兵又收平騎都尉印綬諸領胡越騎羽林及兩宮衛將屯兵悉易以所親信許史子弟代之

禹為大司馬稱病禹故長史任宣候問禹曰我何病縣官非我家將軍不得至是如淳曰縣官謂天子今將軍墳墓未乾盡外我家師古曰外謂疏斥之反任許史奪我印綬令人不省死師古曰不自省有過耳宣見禹恨望深師古曰望怨也迺謂曰大將軍時何可復行師古曰言今何得復如此也持國權柄殺生在手中廷尉李种王平師古曰种音冲左馮翊賈勝胡及車丞相女壻少府徐仁皆坐逆將軍意下獄死使樂成小家子得幸將軍至九卿封侯師古曰即上所云少府樂成者也使者其姓也字或作史百官以下但事馮子都王子方等服虔曰皆光奴視丞相亡如也師古曰亡如猶言無所象似也各自有時今許史自天子骨肉貴正宜耳大司馬欲用是怨恨愚以為不可禹默然數日起視事顯及禹山雲自見日侵削數相對啼泣自怨山曰今丞相用事縣官信之盡變易大將軍時法令以公田賦與貧民發揚大將軍過失又諸儒生多窶人子師古曰窶貧而無禮音其羽反遠客飢寒喜妄說狂言師古曰喜音許吏反不避忌諱大將軍常讎之師古曰言嫉之如仇讎也今陛下好與諸儒生語人人自使書對事多言我家者嘗有上書言大將軍時主弱臣强專制擅權今其子孫用事昆弟益驕恣恐危宗廟災異數見盡為是也其言絕痛山屏不奏其書後上書者益黠盡奏封事輒下中書令出取之○宋祁曰輒下添使字不關尚書益不信人顯曰丞相數言我家獨亡罪乎山曰丞相廉正安得罪我家昆弟諸壻多不謹又聞民間讙言霍氏毒殺許皇后師古曰讙衆聲也音許爰反寧有是邪顯恐急即具以實告山雲禹山雲禹驚曰如是何不早告禹等縣官離散斥逐諸壻用是故也此大事誅罰不小奈何於是始有邪謀矣

漢書卷七十一

雋疏于薛平彭傳第四十一

雋不疑字曼倩勃海人也（師古曰雋音字兗反又辭兗反○宋祁曰昭紀中師古亦兩音景本只音徂兗反）治春秋爲郡文學進退必以禮（○宋祁曰郡本無必字）名聞州郡武帝末郡國盜賊羣起暴勝之爲直指使者衣繡衣持斧逐捕盜賊督課郡國（師古曰督謂察視之）東至海以軍興誅不從命者（師古曰有所追捕及行誅罰皆依興軍之制）威振州郡勝之素聞不疑賢至勃海遣吏請與相見不疑冠進賢冠帶櫑具劍（應劭曰櫑具木標首之劍櫑落壯大也晉灼曰古長劍首以玉作井鹿盧形上刻木作山形如似蓮花初生未敷時今大劍木首其狀似此師古曰晉說是也櫑音磊標音匹遙反○宋祁曰注文浙本有似字疑其意重複當刪去似字）佩環玦（師古曰環玉環也玦即玉佩之玦也帶環而又著玉佩也禮記曰孔子佩象環也）褒衣博帶（師古曰褒大裾也言著褒大之衣廣博之帶也而說者乃以爲朝服垂褒之衣非也）盛服至門上謁（師古曰上謁若今通名也）門下欲使解劍不疑曰劍者君子武備所以衛身不可解請退吏白勝之勝之開閣延請望見不疑容貌尊嚴衣冠甚偉勝之躧履起迎（文穎曰躧音纚師古曰履不著跟曰躧躧謂納履未正曳之而行言其遽也躧音山爾反）登堂坐定不疑據地曰竊伏海瀕聞暴公子威名舊矣（師古曰瀕涯也公子勝之字也舊久也瀕音頻又音賓）今乃承顏接辭凡爲吏太剛則折太柔則廢威行施之以恩然後樹功揚名永終天祿（師古曰樹立也○宋祁曰南本浙本作乃今字）勝之知不疑非庸人（師古曰庸常也）敬納其戒深接以禮意問當世所施行（○宋祁曰意南本作適）門下諸從事皆州郡選吏（師古曰選州郡吏之最者乃得爲從事）側聽不疑莫不驚駭至昏夜罷去勝之遂表薦不疑徵詣公車拜爲青州刺史

威重可任政事繇是入爲右扶風師古曰繇讀與由同遷廷尉以王國人出爲太原太守李奇曰初漢制王國人不得在京師數年復入爲大司農光祿勳右將軍哀帝卽位徙爲左將軍歲餘上欲令丁傅處爪牙官適策宣曰有司數奏言諸侯國人不得宿衞將軍不宜典兵馬處大位朕唯將軍任漢將之重而子又前取淮陽王女婚姻不絶非國之制使光祿大夫曼賜將軍黃金五十斤安車駟馬其上左將軍印綬以關內侯歸家宣罷數歲諫大夫鮑宣數薦宣會元壽元年正月朔日蝕鮑宣復言上適召宣爲光祿大夫遷御史大夫

乾隆四年校刊

選舉

今之郡守縣令民之師帥所使承流而宣化也。宋祁曰古本流作泝 故師帥不賢則主德不宣恩澤不流今吏既亡教訓於下或不承用主上之法暴虐百姓與姦為市師古曰言小吏有為姦欺者守令不舉乃反與之交易求利也 貧窮孤弱冤苦失職甚不稱陛下之意是以陰陽錯繆氛氣充塞羣生寡遂黎民未濟皆長吏不明使至於此也夫長吏多出於郎中中郎吏二千石子弟選郎吏又以富訾未必賢也師古曰訾與資同 且古所謂功者以任官稱職為差師古曰差次也 非所謂積日絫久也故小材雖絫日不離於小官賢材雖未久不害為輔佐師古曰害猶妨也 是以有司竭力盡知務治其業而以赴功今則不然絫日以取貴積久以致官是以廉恥貿亂賢不肖渾殽未得其真臣愚以為使諸列侯郡守二千石各擇其吏民之賢者歲貢各二人以給宿衛且以觀大臣之能所貢賢者有賞所貢不肖者有罰夫如是諸侯吏二千石皆盡心於求賢天下之士可得而官使也師古曰授之以官以使其材也 徧得天下之賢人則三王之盛易為而堯舜之名可及也毋以日月為功實試賢能為上量材而授官錄德而定位師古曰錄謂存視也 則廉恥殊路賢不肖異處矣陛下加惠寬臣之罪令勿牽制

州郡舉茂材孝廉皆自仲舒發之

曰曾子之書也曾子曾參願陛下因用所聞設誠於內而致行之則三王何異哉陛下親耕藉田以爲農先夙寤晨興憂勞萬民思惟往古而務以求賢此亦堯舜之用心也然而未云獲者士素不厲也師古曰厲謂勸勉之也一曰厲礪其行也夫不素養士而欲求賢譬猶不琢玉而求文采也○宋祁曰景祐本琢作瑑當從此本故養士之大者莫大虖太學太學者賢士之所關也師古曰關由也教化之本原也今以一郡一國之衆對亡應書者師古曰書謂舉賢良文學之詔書也是王道往往而絕也臣願陛下興太學置明師以養天下之士數考問以盡其材則英俊宜可得矣

選舉

吏民上書言便宜有異輒下延年平處復奏言師古曰先平處其可否然後奏言處音昌汝反可官試者至爲縣令或丞相御史除用滿歲以狀聞或抵其罪法師古曰抵至也言事之人有姦妄者則持致之於罪法也常與兩府及廷尉分章如淳曰兩府丞相御史府也諸章有所疑使延年決之師古曰此說非也上書言事者其章或下丞相御史或付延年故云分章耳非令決疑也昭帝末寢疾徵天下名醫延年典領方藥帝崩昌邑王即位廢大將軍光車騎將軍張安世與大臣議

附杜周子延年

通侯遷中郎將郎官故事令郎出錢市財用給文書廼得出名曰山郎張晏曰山財用之所出故取名焉移病盡一日輒償一沐晉灼曰五日一洗沐也師古曰言出財用者雖非休沐常得在外也貧者賣病皆以沐假償之也或至歲餘不得沐其豪富郎日出游戲或行錢得善部師古曰郎官之職各有主部故行錢財而擇其善以招權也貨賂流行傳相放效師古曰放音甫往反惲爲中郎將罷山郎移長度大司農以給財用應劭曰長久也一歲之調度也蘇林曰簿書給縑之長也師古曰應說是也言總計一歲所須財用及文書之調度而移大司農以官錢供給之更不取於郎也○宋祁曰簿書給縑之長也別本給作餘無縑字其疾病休謁洗沐皆以法令從事郎謁者有罪過輒奏免薦舉其高第有行能者至郡守九卿郎官化之莫不自厲絕請謁貨賂之端令行禁止宮殿之內翕然同聲由是擢爲諸吏光祿勳親近用事

楊敞子惲

元帝初即位詔列侯舉茂材勃舉太官獻丞陳湯蘇林曰獻丞主貢獻物也湯有罪勃坐削戶二百會薨故賜謚曰繆侯師古曰以其所舉不得人故加惡謚繆者

[illegible]　陳湯同傳

選舉

同丨安世丨張丨勃

東郭先生久待詔公車貧困飢寒衣敝履不完行雪中履有上無下足盡踐地道中人笑之東郭先生應之曰誰能履行雪中令人視之其上履也其履下處乃似人足者乎及其拜爲二千石佩青緺（集解徐廣曰音瓜一音蝸青綬）出宮門行謝主人故所以同官待詔者等比祖道於都門外榮華道路立名當世（集解徐廣曰東郭先生也）此所謂衣褐懷寶者也（索隱此指東郭先生也其言身衣褐而懷寶玉也）當其貧困時人莫省視至其貴也乃爭附之諺曰相馬失之瘦相士失之貧其此之謂邪

游閑公子飾冠劒連車騎亦爲富貴容也弋射漁獵犯晨夜冒

前漢書卷六十五

東方朔傳第三十五

東方朔字曼倩師古曰倩音千見反平原厭次人也師古曰高祖功臣表有厭次侯爰類是則厭次之名也其來久矣而說者乃云後漢始爲縣於此致疑斯未通也厭音一涉反又音一琰反武帝初即位

徵天下舉方正賢良文學材力之士待以不次之位師古曰不拘常次言超擢之四方士多上書言得失自衒鬻者以千數師古曰衒行賣也鬻亦賣也衒

音州縣之縣又音工縣反其不足采者輒報聞罷師古曰報云天子已聞其所上之書而罷之令歸其

入上通大笑是時朝廷多賢材上復問朔方今公孫丞相兒大夫師古曰公孫弘及兒寬也兒音五奚反董仲舒夏侯始昌司馬相如吾丘壽王主

父偃朱買臣嚴助汲黯膠倉終軍嚴安徐樂司馬遷之倫皆辯知閎達溢于文辭師古曰溢者言其有餘也先生自視何與比哉師古曰何與猶言何如也

朔對曰臣觀其臿齒牙樹頰胲師古曰頰肉曰胲音改吐脣吻擢項頤師古曰頤頷下也音怡結股腳連脽尻師古曰脽臀也音誰遺蛇其迹行步偊旅師古曰遺蛇猶

逶迤也偊旅曲躬貌也蛇音移偊音禹臣朔雖不肖尚兼此數子者朔之進對澹辭皆此類也師古曰澹古贍字也贍給也武帝既招英俊程其器能用之如不

及師古曰程謂量計之也如不及者恐失之也時方外事胡越內興制度國家多事自公孫弘以下至司馬遷皆奉使方外或爲郡國守相至公卿而

朔嘗至太中大夫後常爲郎與枚皋郭舍人俱在左右詼啁而已師古曰啁與嘲同音竹交反久之朔上書陳農戰彊國之計因自訟獨不得

大官欲求試用其言專商鞅韓非之語也指意放蕩頗復詼諧辭數萬言終不見用

尚何言哉無復句余按太史公語多重復此自一體不可删也尚何言哉且事本末未易明也僕少負不羈之才長無鄉曲之譽師古曰不羈言其材質高遠不可羈繫也負者亦言無此事也主上幸以先人之故使得奉薄技出入周衞之中服虔曰薄技薄材也師古曰周衞言宿衞周密也僕以爲戴盆何以望天如淳曰頭戴盆則不得望天望天則不得戴盆事不可兼施言已方有所造不暇修人事也師古曰言營職務耳[illegible]書也如說夫之故絕賓客之知忘室家之業日夜思竭其不肖之材力務壹心營職以求親媚於主上而事乃有大[illegible]不然者夫

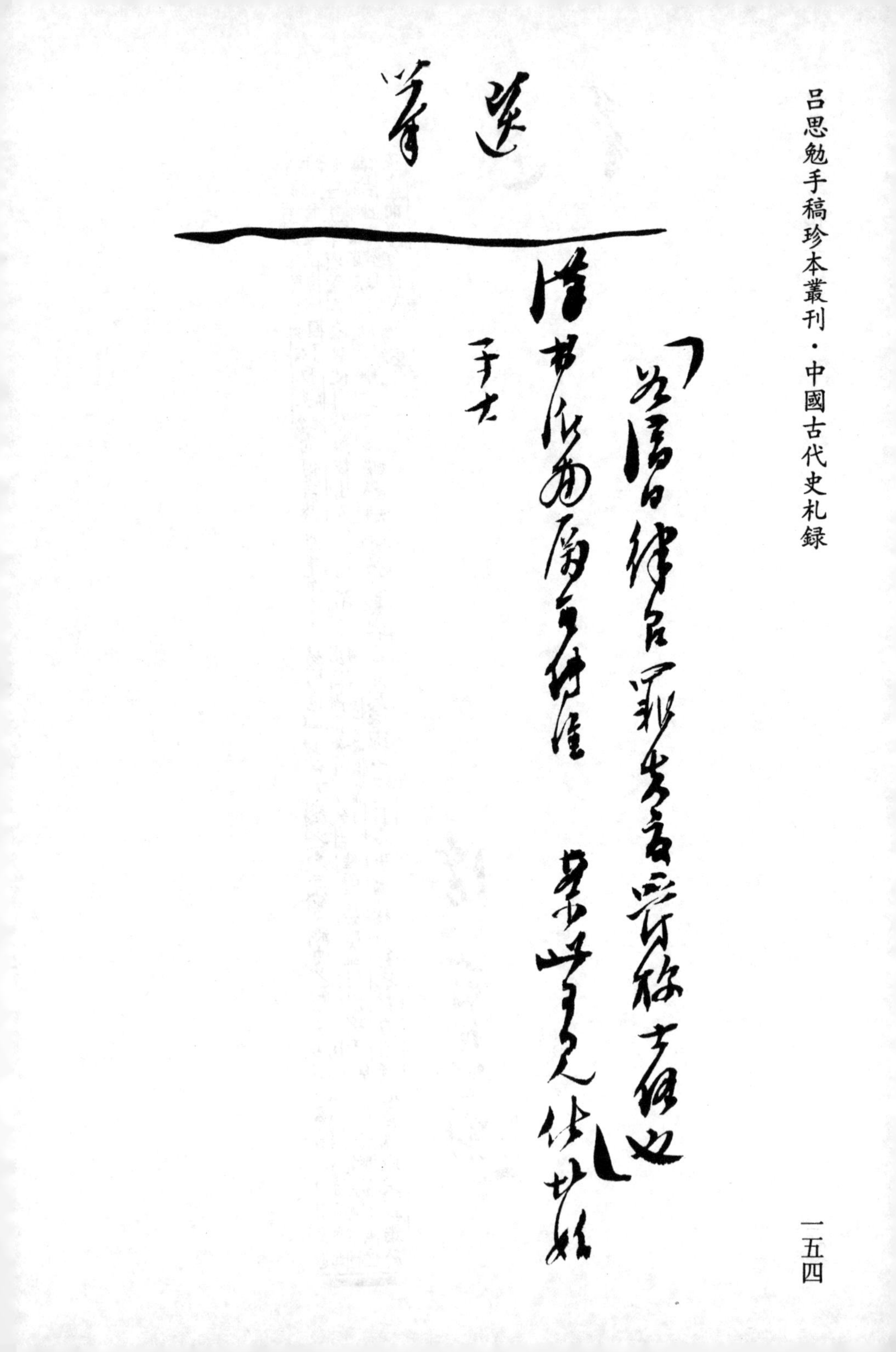

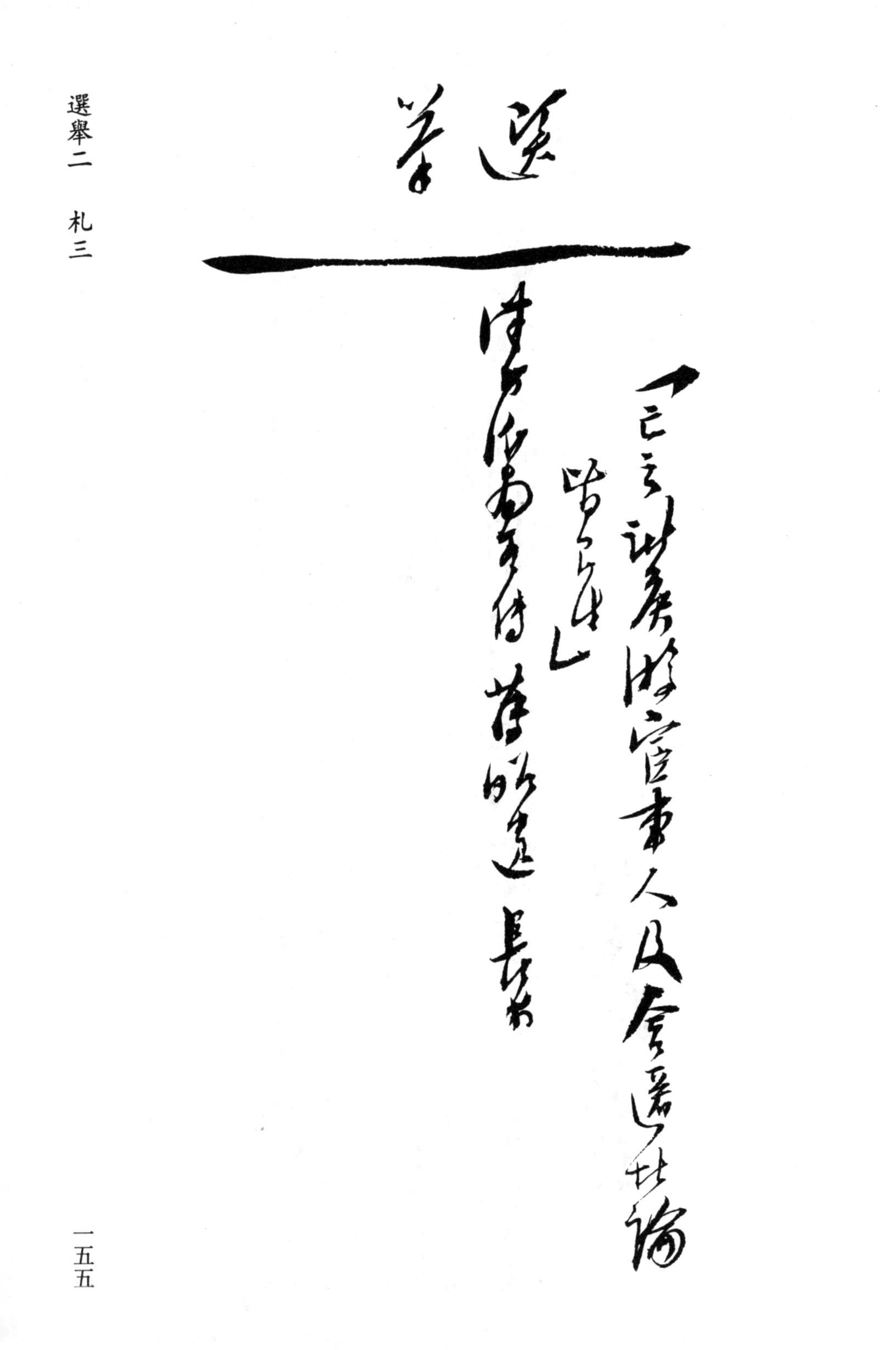

陛下所爲顧力不能（師古曰顧念也）可殫誅邪（師古曰殫盡也）上迺赦之至齊悼惠王時曹參爲相禮下賢人請通爲客初齊王田榮怨項羽謀舉兵畔之劫齊士不與者死（師古曰劫而取之不從則殺也）齊處士東郭先生梁石君在劫中強從及田榮敗二人醜之（師古曰自恥從亂以爲醜惡也）相與入深山隱居客謂通曰先生之於曹相國拾遺舉過顯賢進能齊國莫若先生者先生知梁石君東郭先生世俗所不及何不進之於相國乎通曰諾臣之里婦與里之諸母相善也里婦夜亡肉姑以爲盜怒而逐之婦晨去過所善諸母語以事而謝之（師古曰謝謂告辭也）里母曰女安行（師古曰安徐也）我今令而家追女矣（師古曰而亦汝）卽束縕請火於亡肉家（師古曰縕亂麻音於粉反）曰昨暮夜犬得肉爭鬭相殺請火治之（師古曰治謂燖治死犬燖音似廉反）亡肉家遽追呼其婦（師古曰遽速也）故里母非談說之士也束縕乞火非還婦之道也然物有相感事有適可臣請乞火於曹相國迺見相國曰婦人有夫死三日而嫁者有幽居守寡不出門者足下卽欲求婦何取曰取不嫁者通曰然則求臣亦猶是也彼東郭先生梁石君齊之俊士也隱居不嫁未嘗卑節下意以求仕也願足下使人禮之曹相國曰敬受命皆以爲上賓通論戰國時說士權變亦自序其說凡八十一首號曰雋永（師古曰雋音字兗反雋肥肉也永長也言其所論甘美而義深長也）初通善齊人安其生安其生嘗干項羽羽不能用其策而項羽欲封此兩人兩人卒不肯受

權執常稱爵位泰過何德以堪之上欲致霸相位自御史大夫貢禹卒及薛廣德免輒欲拜霸霸讓位自陳至三上深知其至誠迺弗用〇宋祁曰三字下當有曰字以是敬之賞賜甚厚及霸薨上素服臨弔者再至賜東園祕器錢帛策贈以列侯禮〇宋祁曰贈一作賜謚曰烈君霸四子長子福嗣關內侯〇宋祁曰監浙二本皆云嗣爵次子捷捷弟喜皆列校尉諸曹光最少子也經學尤明年未二十〇宋祁曰二一作三舉爲議郎光祿勳匡衡舉光方正爲諫議大夫坐議有不合左遷虹長師古曰不合謂不合天子意也虹沛縣也音貢自免歸教授成帝初即位舉爲博

史大夫丞相各再壹爲大司徒太傅太師歷三世居公輔位前後十七年自爲尚書止不教授後爲卿時會門下大生講問疑

雜舉大義云其弟子多成就爲博士大夫者見師居大位幾得其助力師古曰幾讀曰冀光終無所薦舉至或怨之其公如此光年七

（漢選）

兩龔皆楚人也勝字君賓舍字君倩師古曰倩音千見反二人相友並著名節故世謂之楚兩龔少皆好學明經勝爲郡吏舍不仕久之楚王入朝聞舍高名聘舍爲常侍不得已隨王歸國固辭願卒學復至長安師古曰卒終也終其經業而勝爲郡吏三舉孝廉以王國人不得宿衛補吏○宋祁曰補字下疑有出字再爲尉壹爲丞勝輒至官迺去州舉茂才爲重泉令師古曰重泉左馮翊縣也病去官大司空何武

乾隆四年校刊　前漢書卷七十二　列傳　四

漢兩龔傳

選舉

一、以法[illegible]　時[illegible][illegible][illegible][illegible][illegible][illegible]守靜戒[illegible][illegible]徒

[illegible][illegible]閉門不出者[illegible][illegible]人

學校

[illegible]元后

請罪師古曰自坐稾上言就刑戮也商立根皆負斧質謝上不忍誅然後得已久之平阿侯譚薨諡曰安侯子仁嗣侯太后憐弟曼蚤死獨不

封曼寡婦渠供養東宮子莽幼孤不及等比師古曰比音必寐反宋祁曰婦舊本作姊。常以爲語平阿侯譚成都侯商及在位多稱莽者久之上

復下詔追封曼爲新都哀侯而子莽嗣爵爲新都侯後又封太后姊子淳于長爲定陵侯王氏親屬侯者凡十人上悔廢平阿

侯譚不輔政而薨也迺復進成都侯商以特進領城門兵置幕府得舉吏如將軍

殺於是齊王以駟鈞爲相魏勃爲將軍祝午爲內史悉發國中兵使祝午東詐琅邪王曰呂氏作亂齊王發兵欲西誅之齊王自以兒子年少不習兵革之事願舉國委大王大王自高帝將也習戰事齊王不敢離兵【索隱】服虔云不敢離其兵而到琅邪使臣請大王幸之臨菑見齊王計事幷將齊兵以西平關中之亂琅邪王信之以爲然西馳見齊王齊王與魏勃等因留琅邪王而使祝午盡發琅邪國而幷將其兵琅邪王劉澤既見欺不得反國乃說齊王曰齊悼惠王高皇帝長子推本言之而大王高皇帝適長孫也當立今諸大臣狐疑未有所定而澤於劉氏最爲長年大臣固待澤決計今大王留臣無爲也不如使我入關計事齊王以爲然乃益具車送琅邪王琅邪王既行齊遂舉兵西攻呂國之濟南於是齊哀王

立代王而遣朱虛侯以誅呂氏事告齊王令罷兵灌嬰在滎陽聞魏勃本教齊王反既誅呂氏罷齊兵使使召責問魏勃勃曰失火之家豈暇先言大人而後救火乎【索隱】此蓋舊俗之言謂救火之急不暇先啓家長也亦猶國家有難不暇待詔命也因退立股戰而栗恐不能言者終無他語灌將軍熟視笑曰人謂魏勃勇妄庸人耳【索隱】妄庸言凡妄庸劣之人何能爲乎乃罷魏勃【索隱】罷謂不罪而放遣之魏勃父以善鼓琴見秦皇帝及魏勃少時欲求見齊相曹參家貧無以自通乃常獨早夜掃齊相舍人門外相舍人怪之以爲物而伺之【索隱】姚氏云物怪物得勃勃曰願見相君無因故爲子掃欲以求見於是舍人見勃曹參因以爲舍人一爲參御言事參以爲賢言之齊悼惠王悼惠王召見則拜爲內史始悼惠王得自置二千石及悼惠王卒而哀王立勃用事重於齊相王既

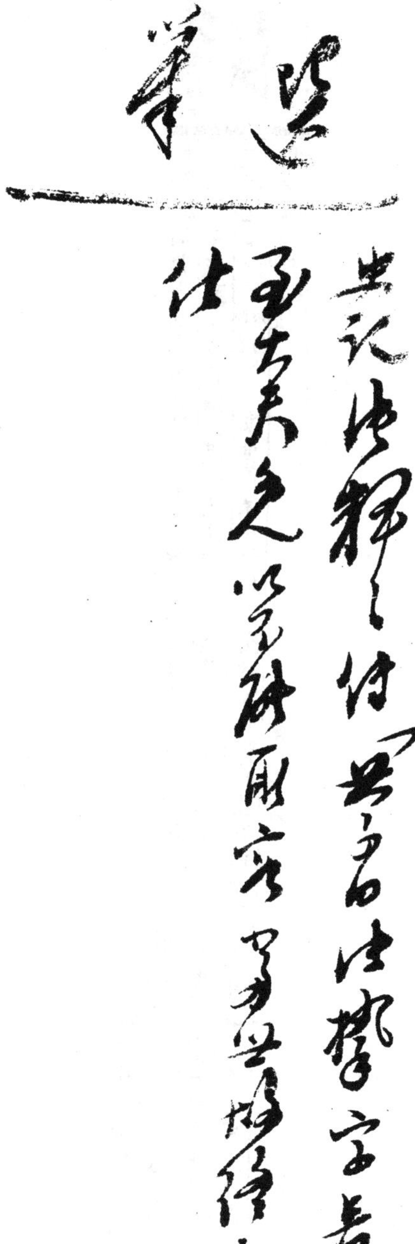

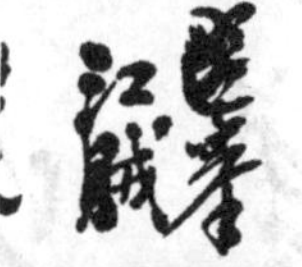

彭祖爲宣帝博士至河南東郡太守宋祁曰或無東字以高第入爲左馮翊遷太子太傅廉直不事權貴或說曰天時不勝人事君以不脩小禮曲意亡貴人左右之助經誼雖高不至宰相願少自勉彊彭祖曰凡通經術固當脩行先王之道何可委曲從俗苟求富貴乎彭祖竟以太傅官終授琅邪王中爲元帝少府師古曰中讀曰仲家世傳業中授同郡公孫文東門雲雲爲荊州刺史文東平太傅徒衆尤盛雲坐爲江賊拜辱命下獄誅師古曰逢見賊而拜也

張山拊字長賓平陵人也（師古曰拊音膚韋昭音撫又音甫尤反）事小夏侯建爲博士論石渠至少府授同縣李尋鄭寬中少君山陽張無故子儒信都秦恭延君陳留假倉子驕無故善修章句爲廣陵太傅守小夏侯說文恭增師法至百萬言（師古曰言小夏侯本所說之文不多而秦恭又更增益故至百萬言也）倉以謁者論石渠至膠東相尋善說災異爲騎都尉自有傳寬中有儁材以博士授太子成帝卽位賜爵關內侯食邑八百戶遷光祿大夫領尚書事甚尊重會疾卒谷永上疏曰臣聞聖王尊師傅褒賢儁顯有功生則致其爵祿死則異其禮謚昔周公薨成王葬以變禮而當天心（師古曰周公死成王欲葬之於成周天乃雷雨以風禾盡偃大木斯拔國人大恐王乃葬周公於畢示不敢臣也事見尚書大傳與古文尚書不同）公叔文子卒衛侯加以美謚著爲後法（師古曰公叔文子衛大夫公孫發也文子卒其子請謚於君君曰昔者衛國凶饑夫子爲粥與國之餓者不亦惠乎衛國有難夫子以其死衛寡人不亦貞乎夫子聽衛國之政脩其班制以與四鄰交衛國社稷不辱不亦文乎謂夫子貞惠文子事見禮記檀弓）近事大司空朱邑（○劉攽曰空當爲農）右扶風翁歸德茂夭年孝宣皇帝愍冊厚賜贊命之臣靡不激揚（師古曰贊佐也）關內侯鄭寬中有顏子之美質包商偃之文學（師古曰論語云文學子游子夏商子夏名偃子游名）嚴然總五經之眇論立師傅之顯位（師古曰嚴與儼同眇讀曰妙）入則鄉唐虞之閎道王法納乎聖聽（師古曰鄉讀曰嚮閎大也言陳聖王之法闡於天子）出則參冢宰之重職功列施乎政事退食自公私門不開（師古曰退食自公召南羔羊詩之辭言貶退所食之祿而從至公之道也）散賜九族田畝不益德配周召忠合羔羊未得登司徒有家臣（師古曰司徒掌禮教之官言寬中學行堪爲之也家臣若今諸公國官及府佐也）卒然早終尤可悼痛（師古曰卒讀曰猝）臣愚以爲宜加其葬禮賜之令謚（師古曰令善也）以章尊師褒賢顯功之德上弔贈寬中甚厚由是小夏侯有鄭張秦假李氏之學寬中授東郡趙玄無故授沛唐尊恭授魯馮賓賓爲博士尊王莽太傅玄哀帝御史大夫至大官知名者也（○宋祁曰淳化本越本無故字下更有無故二字馮賓字下更有一馮字刊誤謂當去無故二字添一賓字）

[illegible]

丞相匡衡者東海人也好讀書從博士受詩家貧衡傭作以給食飲才下數射策不中至九乃中丙科其經以不中科故明習補平原文學卒史數年郡不尊敬御史徵之以補百石屬薦爲郎而補博士拜爲太子少傅而事孝元帝孝元好詩而遷爲光

乾隆四年校刊　史記卷九十六　張丞相列傳　補　十三

祿勳居殿中爲師授教左右而縣官坐其旁聽甚善之日以尊貴御史大夫鄭弘坐事免而匡君爲御史大夫歲餘韋丞相死匡君代爲丞相封樂安侯以十年之間不出長安城門而至丞相豈非遇時而命也哉深惟士之游宦所以至封侯者微甚【集解】徐廣曰微一作徵　然多至御史大夫即去者諸爲大夫而丞相次也其心冀幸丞相物故也【集解】駟案高堂隆荅魏朝訪曰物無也故事也言無復所能於事　或乃陰私相毀害欲代之然守之日久不得或爲之日少而得之至于封侯真命也夫御史大夫鄭君守之數年不得匡君居之未滿歲而韋丞相死即代之矣豈可以智巧得哉多有賢聖之才困厄不得者衆甚也

索隱此論匡衡已來事則後人所述也或亦稱太史公其序述淺陋一何誣也

索隱述贊曰張蒼主計天下作程琢臣始絀秦曆甫行御史亞相相國河衡申屠面折周子廷爭其他娖娖無所發明

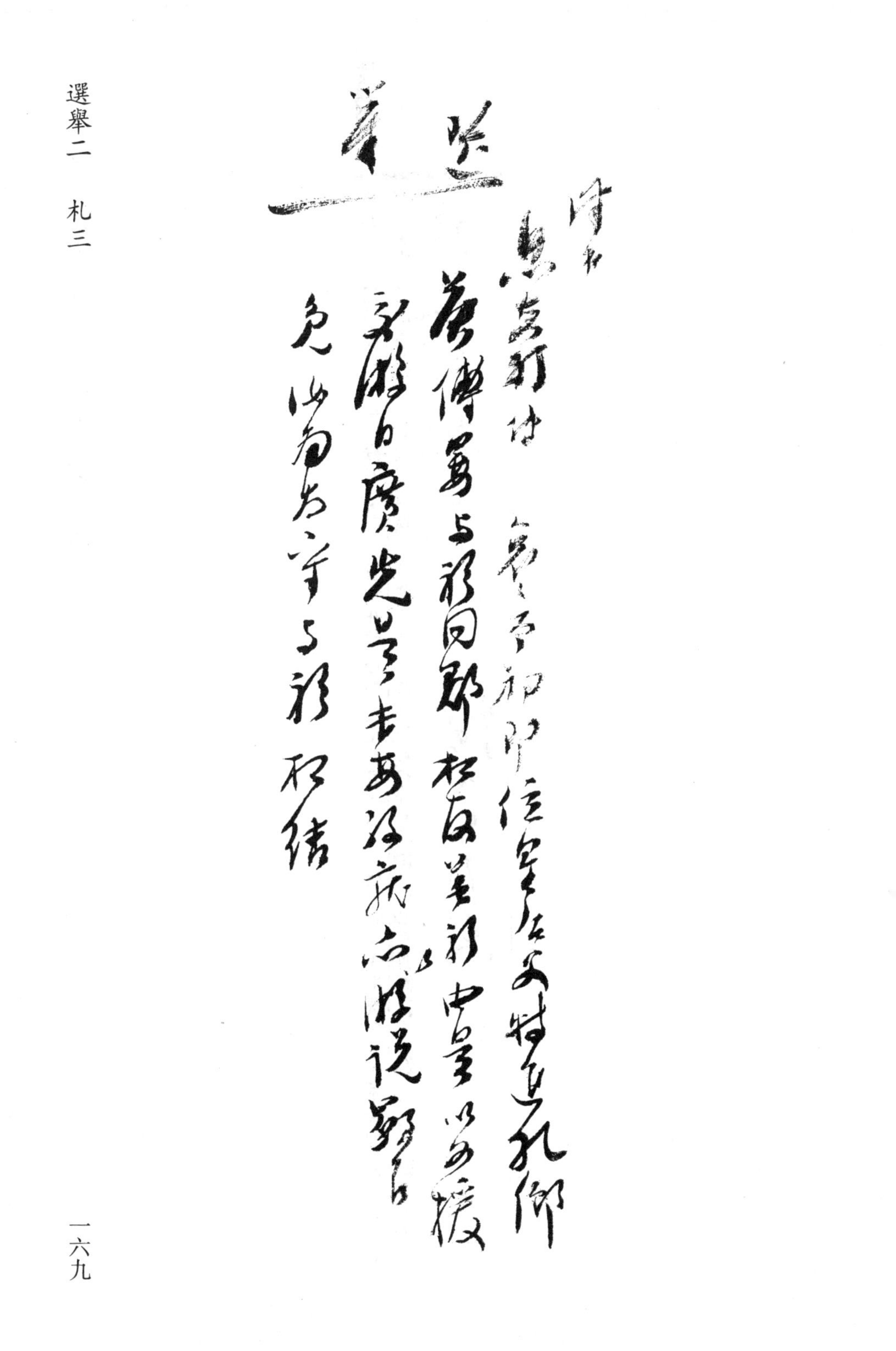

光和元年詔策問曰連年蝗蟲至冬踊其咎焉在蔡邕對曰臣聞易傳曰大作不時天降災厥咎蝗蟲來河圖祕徵篇曰帝貪則政暴而吏酷酷則誅深必殺主蝗蟲蝗蟲貪苛之所致也是時百官遷徙皆私上禮西園以爲府蔡邕對曰蝗蟲出息不急之作省賦斂之費進清仁黜貪虐分損承安屈省别藏以贍國用則其救也易曰得臣無家言有天下者何私家之有

獻帝興平元年夏大蝗是時天下大亂

建安二年五月蝗

二十九年二月丁巳朔日有蝕之（潛潭巴曰丁巳蝕下有敗兵）在東壁五度東壁爲文章一名娵觜之口先是皇子諸王各招來文章談說之士去年中有人上奏諸王所招待者或眞僞雜受刑罰者子孫宜可分別於是上怒詔補諸王客皆被以苛法死者甚多世祖不早爲明設刑禁一時治之過差故天示象世祖於是改悔遣使悉理侵枉也

延光三年九月庚寅晦日有蝕之京房占曰骨肉相賊後有水在氐十五度氐爲宿宮宮中宮也時上聽中常侍江京樊豐及阿母王聖等讒

言廢皇太子

四年三月戊午朔日有蝕之在胃十二度隴西酒泉朔方各以狀上史官不覺蔡邕集是時邕爲許令其四月庚申自縣上書曰伏讀詔書陛下深惟禹湯罪己之義歸咎自責寅畏天戒詳延百僚博問公卿知變所自審得厥故修復往術以答天命臣子遠近莫不延頸企踵苟有隙空一介之知事願自效貢納聖聽臣伏見日蝕之占自昔典籍十月之交春秋傳記漢注所載史官占候羣臣密對陛下所觀覽左右所諷誦可謂詳悉備矣雖復廣問循在前志無以復加乃者茀氣于參臣前得敦朴之人後三年二月對策北宮端門以爲參者西方之位其於分野并州是也始謂西戎北狄其後種羌叛戾烏桓犯上郡并涼動兵驗略效矣今復見大異申誡重譴於此二城海內莫見三月一日合辰在婁婁又西方之宿衆占顯明者羌及烏桓有悔過之辭將吏策勳之名臣恐受任典牧者苟睒目前皆粗圖身一時之權不顧爲國百世之利論者美近功忽其遠則各相不大疾病伏惟天象不虛老子曰圖難於其易也爲大於其細也消災復異宜在於今詩曰日月告凶不用其行四國無政不用其良傳曰國無政不用善則自取謫于日月之災故政不可不愼也務三而已一曰擇人二曰安民三曰從時臣融伏惟方今有道之世漢典設張侯甸采衞司民之吏案繩循墨雖有賢愚所差無幾其隨罪除身自取禍孕始犯者其大傷在邊郡故大者若之爲內職之與成優劣相懸不誡不可審擇其人上以應天變下以安民隸竊見列將子孫生長京師食仰租奉不知稼穡之艱又希遭阨困故能果毅輕財施與孤弱以獲生死之用此其所長也不拘法禁奢泰無度功勞足以宣威臨敵足以發化此其所短也州郡之士出自貧苦長於檢押雖專賞罰不敢越溢此其所長也拘文守法遭遇非常狐疑無斷畏首畏尾威恩纖薄外內離心士卒不附此其所短也必得將兼有二長之才無二短之累參以吏事任以兵法有此數姿然後能折衝厭難致其功實轉災爲福孔子曰十室之邑必有忠信如丘者焉以天下之大四海之衆云無若人臣以爲誣矣宜特選詳譽審得其眞鎮守二方以應用良擇人之義以塞大異也

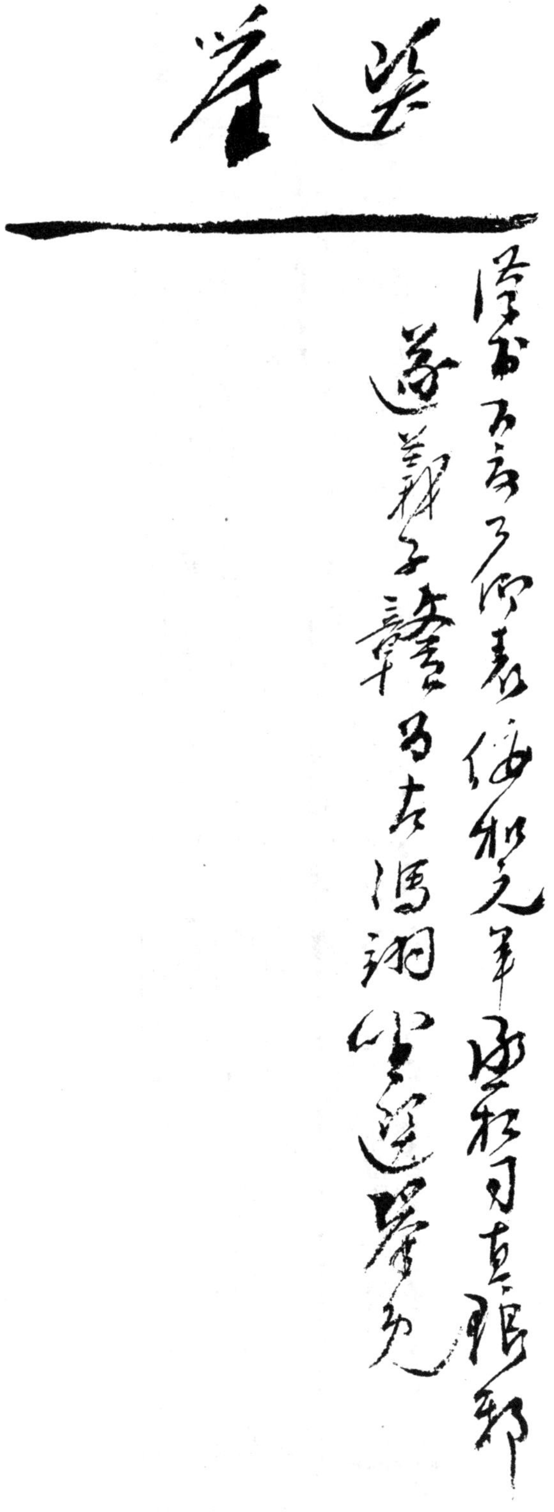

中元年封故御史大夫周苛孫平爲繩侯（集解）徐廣曰平一作應（索隱）苛周昌之兄故御史大夫周昌子左車爲安陽侯四月乙巳赦天下賜爵一級除禁錮地動衡山原都雨雹大者尺八寸

中二年二月匈奴入燕遂不和親三月召臨江王來即死中尉府中夏立皇子越爲廣川王子寄爲膠東王封四侯（集解）文穎曰楚相張尚太傅趙夷吾趙相建德内史王悍此四人各諫其王楚使反不聽皆殺之故封其子（索隱）韋昭云張尚子當居趙夷吾子周建德子横王悍子棄九月甲戌日食

爲暴也不患其不富患其亡厭也其唯廉士寡欲易足今訾算十以上迺得官服虔曰訾萬錢算百二十七也應劭曰古者疾吏之貪衣食足知榮辱限訾十算迺得爲吏十算十萬也賈人有財不得爲吏廉士無訾又不得宦故減訾四算得官矣師古曰訾讀與貲同他皆類此廉士算不必衆有市籍不得官無訾又不得官朕甚愍之訾算四得官亡令廉士久失職貪夫長利師古曰長利長獲其利秋大旱

選舉

漢書惠帝紀四年春正月舉民孝弟力田者復其身

高后紀元年二月初置孝弟力田二千石者一人

以後置孝弟力田高為之其勝則以勸勵天下人之分

敦行務本

此其後來察舉權輿

弒君外成宋亂與鄭易邑背畔周室師古曰隱攝公位又何之兄故云殺兄弒君也成宋亂者謂宋華父督弒其君殤公及其大夫孔父以郜大鼎賂公公會齊侯鄭伯于稷而平其亂也與鄭易邑謂以太山之田易許田也許田者魯朝宿之邑也而以與鄭明魯之不朝於王故云背畔周室成公時楚橫行中國師古曰謂成二年楚師侵衛遂侵我師于蜀六年七月楚公子嬰齊帥師伐鄭九年嬰齊帥師伐莒十五年楚子伐鄭十六年楚子與晉侯鄭伯戰于鄢陵十八年楚子伐宋王札子殺召伯毛伯師古曰王札子即王子捷也召伯毛伯皆周大夫也今春秋經王札子殺召伯毛伯事在宣十五年而此言成公時未達其說召讀曰邵晉敗天子之師于貿戎師古曰貿戎戎別種也公羊傳成元年王師敗績于貿戎孰敗之蓋晉敗之貿音莫侯反天子皆不能討襄公時天下諸侯之大夫皆執國權師古曰謂襄十六年會于溴梁諸侯之大夫盟皆類此君不能制漸將日甚善惡不明誅罰不行周失之舒秦失之急故周衰亡寒歲秦滅亡奧年武帝元狩六年冬亡冰先是比年遣大將軍衛青霍去病攻祁連絕大幕師古曰祁連山名也幕沙磧也直度曰絕窮追單于斬首十餘萬級還大行慶賞乃閔海內勤勞是歲遣博士褚大等六人持節巡行天下存賜鰥寡假與乏困舉遺逸獨行君子詣行在所郡國有以爲便宜者上丞相御史以聞天下咸喜昭帝始元二年冬亡冰是時上年九歲大將軍霍光秉政始行寬緩欲以說下僖公三十三年十二月隕霜不殺草劉歆以爲草妖也劉向以爲今十月周十二月於易五爲天位爲君位九月陰氣至五通於天位其卦爲剝師古曰坤下艮上剝落萬物始大殺矣明陰從陽命臣受君令而後殺也今十月隕霜而不能殺草此君誅不行舒緩之應也是時公子遂顓權師古曰公子遂莊公之子即東門襄仲也時爲卿專執國政也三桓始世官師古曰謂父子相繼爲卿也天戒若曰自此之後將皆爲亂矣文公不寤其後遂殺子赤三家逐昭公師古曰並已解于上董仲舒指略同京房易傳曰臣有緩茲謂不順厥異霜不殺也書序曰伊陟相太戊亳有祥桑穀共生師古曰商書咸乂之序也其書亡伊陟伊尹子也大戊太甲孫也亳殷所都也桑穀二木合而共生穀音穀傳曰俱生乎朝七日而大拱師古曰兩手合爲拱伊陟戒以修德而木枯劉向以爲殷道既衰高宗承敝而起盡涼陰之哀天下應之師古曰涼信也陰默也言居喪信默三年不言也涼讀曰諒一說涼陰謂居喪之廬也謂三年處於廬中不言涼音力羊反據今尚書及諸傳記太戊卒子仲丁立卒弟河亶甲立卒子祖乙立卒子盤庚立卒小乙之子武丁立是爲高宗桑穀自太戊時生涼陰乃高宗之事而此云桑穀即高宗時出其說與尚書大傳不同未詳其義也或者伏生差謬既獲顯榮怠於政事國將危亡故桑穀之異見桑猶喪也穀猶生也殺生之秉失而在下近草妖也一曰野木生朝而暴長小人將暴在大臣之位危亡國家象朝將爲虛之應也師古曰虛讀曰墟書序又曰高宗祭成湯有蜚雉登鼎耳而雊師古曰商書高宗肜日之序也蜚古飛字雊音工豆反祖巳曰惟先假王正厥事師古曰祖巳殷賢臣假大也言先代大道之王能正其事而災異銷也劉向以爲雉雊鳴者雄也以赤色爲主於易離爲雉雉南方近赤祥也劉歆以爲羽蟲之孽易有鼎卦師古曰巽下離上也鼎宗廟之器主器奉宗廟者長子也野鳥自外來入爲宗廟器主是繼嗣將易也一曰鼎三足三公象而以耳行師古曰鼎幷舉耳不得行故云以耳行野鳥居鼎耳小人將居公位敗宗廟之祀野木生朝野鳥入廟敗亡之異也武丁恐駭謀於忠賢修德而正事內舉傳說授以國政師古曰武丁夢得賢相乃以所夢之像使求之得於傅巖立以爲相作說命三篇說讀曰悅外伐鬼方以安諸夏師古曰鬼方絕遠之地一曰國名夏大也中國大於戎狄故曰諸夏故能攘木鳥之妖致百年之壽所謂六沴作見若是共御五福迺降用章于下者也師古曰共讀曰恭御讀曰禦言恭己以禦災也一說御治也恭治其事也一曰金沴木曰木不曲直僖公三十三年十二月李梅實劉向以爲周十二月今十月也李梅當剝落今反華實近草妖也先華而後實不書

選舉
求賢
高紀

又曰蓋聞王者莫高於周文伯者莫高於齊桓師古曰伯讀曰霸皆待賢人而成名今天下賢者智能豈特古之人乎師古曰特獨也患在人主不交故也士奚由進師古曰奚何也今吾以天之靈賢士大夫定有天下以為一家欲其長久世世奉宗廟亡絕也賢人已與我共平之矣而不與吾共安利之可乎賢士大夫有肯從我游者吾能尊顯之布告天下使明知朕意御史大夫昌下相國臣瓚曰周昌已為趙相御史大夫是趙堯耳相國酇侯下諸侯王臣瓚曰茂陵書何封國在南陽酇音贊師古曰瓚說是也而或云何封沛郡酇縣音才何反非也案地理志南陽酇縣云侯國沛郡酇縣不云侯國也又南陽酇者本是春秋時陰國所謂遷陰于下陰者也今為襄州陰城縣有酇城城西見有蕭何廟彼土又有筑水筑水之陽古曰筑陽縣與酇側近連接據何本傳何薨之後子祿無嗣高后封何夫人同為酇侯小子延為筑陽侯孝文罷同更封延為酇侯是知何封酇國兼得筑陽此明驗也但酇字別有酇音是以沛之酇縣史記漢書皆作酇字明其音同也既因泗水亭碑以蕭何相國所封與何同韻於義無爽然其封邑實在南陽非沛縣也且地理志云王莽改沛酇曰贊治然則沛酇亦有贊音酇相劉無所取信也說者又引江統徂淮賦以為證此乃統之疏謬不可考覈亦猶潘岳西征以陝之曲沃為成師所居耳斯例甚多不可具載御史中執法下郡守晉灼曰中執法中丞也其有意稱明德者必身勸為之駕文穎曰有賢者郡守身自往勸勉令至京師駕車遣之遣詣相國府署行義年蘇林曰行狀年紀也○劉攽曰義讀曰儀儀謂儀容其年若日圖貌矣有而弗言覺免年老癃病勿遣師古曰癃疲病也音隆三月梁王彭越謀反夷三族師古曰夷平也謂盡誅除之詔曰擇可以為梁王淮陽王者燕王綰相國何等請立子恢

遐筆

十一月晦日有食之【正義】按說文云日蝕則朔月蝕則望而云晦日食之恐曆錯誤十二月望日又食【集解】徐廣曰此云望日又食按漢書及五行志無此日蝕文也一本作月食然史書不紀月蝕上曰朕聞之天生蒸民爲之置君以養治之人主不德布政不均則天示之以菑以誡不治乃十一月晦日有食之適見于天菑孰大焉朕獲保宗廟以微眇之身託于兆民君王之上天下治亂在朕一人唯二三執政猶吾股肱也朕下不能理育羣生上以累三光之明其不德大矣令至其悉思朕之過失及知見思之所不及匄以告朕及舉賢良方正能直言極諫者以匡朕之不逮因各飭其任職務省繇費以便民朕既不能

乾隆四年校刊　史記卷十　本紀　六十

史文
似二

九月詔諸侯王公卿郡守舉賢良能直言極諫者上親策之傳納以言師古曰傳讀曰敷敷陳其言而納用之語在鼂錯傳師古曰鼂音千旋反

十六年夏四月上郊祀五帝于渭陽蘇林曰在渭城師古曰郊祀志云在長安東北非渭城地蘇說誤矣五月立齊悼惠王子六人淮南厲王子三人皆爲王秋九月得玉杯應劭曰新垣平詐令人獻之刻曰人主延壽令天下大酺明年改元

右孝宣時所封

陽平 索隱表在東郡 王稚君名傑索隱漢表名禁家在魏郡故丞相史女爲太子妃太子立爲帝女爲皇后故侯千二百戶初元以來方盛貴用事游宦求官於京師者多得其力未聞其有知略廣宣於國家也

索隱述贊曰孝武之代天下多虞南討閩越北讋單于長平鞠旅冠軍前驅術陽銜璧臨蔡破禺博陸上宰平津巨儒金章且佩紫綬行紆昭帝已後勳寵不殊惜哉絕筆褚氏補諸

史記卷二十一

三　陽朔

八月丁巳大司馬鳳薨九月甲子御史大夫王音爲大司馬車騎將軍

十一月丁卯諸吏散騎光祿勳于永爲御史大夫二年卒

右將軍王章爲光祿勳數月薨

右扶風甄尊爲太僕

護西域騎都尉韓立子淵爲執金吾五年坐選舉不實免

左曹水衡都尉河內苟參威神

竟寧元年

六月己未侍中衛尉王鳳爲大司馬大將軍

七月丙寅太子太傅張譚爲御史大夫三年坐選舉不實免

太僕譚

陽城侯劉慶忌章君爲宗正三年遷

河南太守召信臣爲少府二年徙中少府安平侯王章子然爲執金吾二

選學

史記酈生陸賈列傳酈食其傳沛公麾下騎士言于沛公曰臣里中有酈生年六十餘身長八尺

選舉

吳錫春考中了人會任選為舉郎

選舉

之字存之則語緩且易欲立威者始於折膠蘇林曰秋氣至膠可折弓弩可用匈奴常以爲候而出軍來而不能困使得氣去師古曰使其得勝逞氣志而去後未易服也愚臣亡識唯陛下財察後詔有司舉賢良文學士錯在選中上親策詔之曰惟十有五年九月壬子皇帝曰昔者大禹勤求賢士施及方外師古曰施延也音弋豉反四極之內舟車所至人迹所及靡不聞命以輔其不逮師古曰意所不及者取其言以自輔也近者獻其明遠者通厥聰比善戮力以翼天子師古曰比和也翼助也比音頻寐反是以大禹能亡失德夏以長楙師古曰楙美也高皇帝親除大害去亂從師古曰從音子容反亂從謂蹤亂之蹤跡也一曰亂謂作亂者從謂合從者若六國時爲從者也今書本從下或有順字或有治字者皆非也從入妄加之也○劉奉世曰太害謂秦亂從謂項羽時漢得關中羽西向爭天下故曰亂從竝建豪英以爲官師師古曰師長也各爲一官之長也字或作帥音所類反爲諫爭輔天子之闕而翼戴漢宗也賴天之靈宗廟之福方內以安澤及四夷今朕獲執天子之正以承宗廟之祀朕既不德又不敏明弗能燭而智不能治○宋祁曰智當作知此大夫之所著聞也故詔有司諸侯王三公九卿及主郡吏師古曰主郡吏謂郡守也各帥其志以選賢良明於國家之大體通於人事之終始及能直言極諫者各有人數將以匡朕之不逮二三大夫之行當此三道張晏曰三道國體人事直言也師古曰二三大夫總謂當時受策者非止錯一人焉朕甚嘉之故登大夫于朝親諭朕志師古曰諭告也大夫其上三道之要及永惟朕之不德吏之不平政之不宣民之不寧師古曰永猶深也惟思也四者之闕悉陳其志毋有所隱上以薦先帝之宗廟下以興愚民之休利著之於篇師古曰休美也篇謂簡也朕親覽焉觀大夫所以佐朕至與不至書之周之密之重之閉之師古曰重音直龍反與自朕躬師古曰言朕自發視也大夫其正論毋枉執事張晏曰毋爲有司枉撓也烏虖戒之師古曰虖讀曰呼二三大夫其帥志毋怠錯對曰平陽侯臣窋孟康曰曹窋參子也汝陰侯臣竈如淳曰夏侯嬰子也潁陰侯臣何文穎曰灌嬰子廷尉臣宜昌隴西太守臣昆邪服虔曰公孫昆邪也師古曰昆讀曰混音下昆反所選賢良太子家令臣錯師古曰詔列侯九卿及郡守舉賢良故錯爲窋等所舉昧死再拜言臣竊聞古之賢主莫不求賢以爲輔翼故黃帝得力牧而爲

史記卷九十二

淮陰侯列傳第三十二

淮陰侯韓信者淮陰人也【正義】楚州淮陰縣也始爲布衣時貧無行不得推擇爲吏【集解】李奇曰無善行可推舉選擇

及項梁渡淮信仗劍從之居戲下【集解】徐廣曰戲一作麾無所知名項梁敗又屬項羽羽以爲郎中數以策干項羽羽

不用漢王之入蜀信亡楚歸漢未得知名爲連敖【集解】徐廣曰典客也【索隱】李奇云楚官名張晏曰司馬也坐法當斬其輩十三人皆已斬次至信信乃仰

視適見滕公曰上不欲就天下乎何爲斬壯士滕公奇其言壯其貌釋而不斬與語大悅之言於上上拜以爲治粟都尉上未

少壯詔受公羊春秋師古曰少壯者言漸長大也少讀如本字又從瑕丘江公受穀梁及冠就宮上爲立博望苑師古曰取其廣博觀望也使通賓客從其所好故多以異端進者元鼎四年納史良娣韋昭曰良娣太子之內官也太子有妃有良娣有孺子凡三等師古曰娣音弟産子男進號曰史皇孫張晏曰皆以舅氏姓爲氏

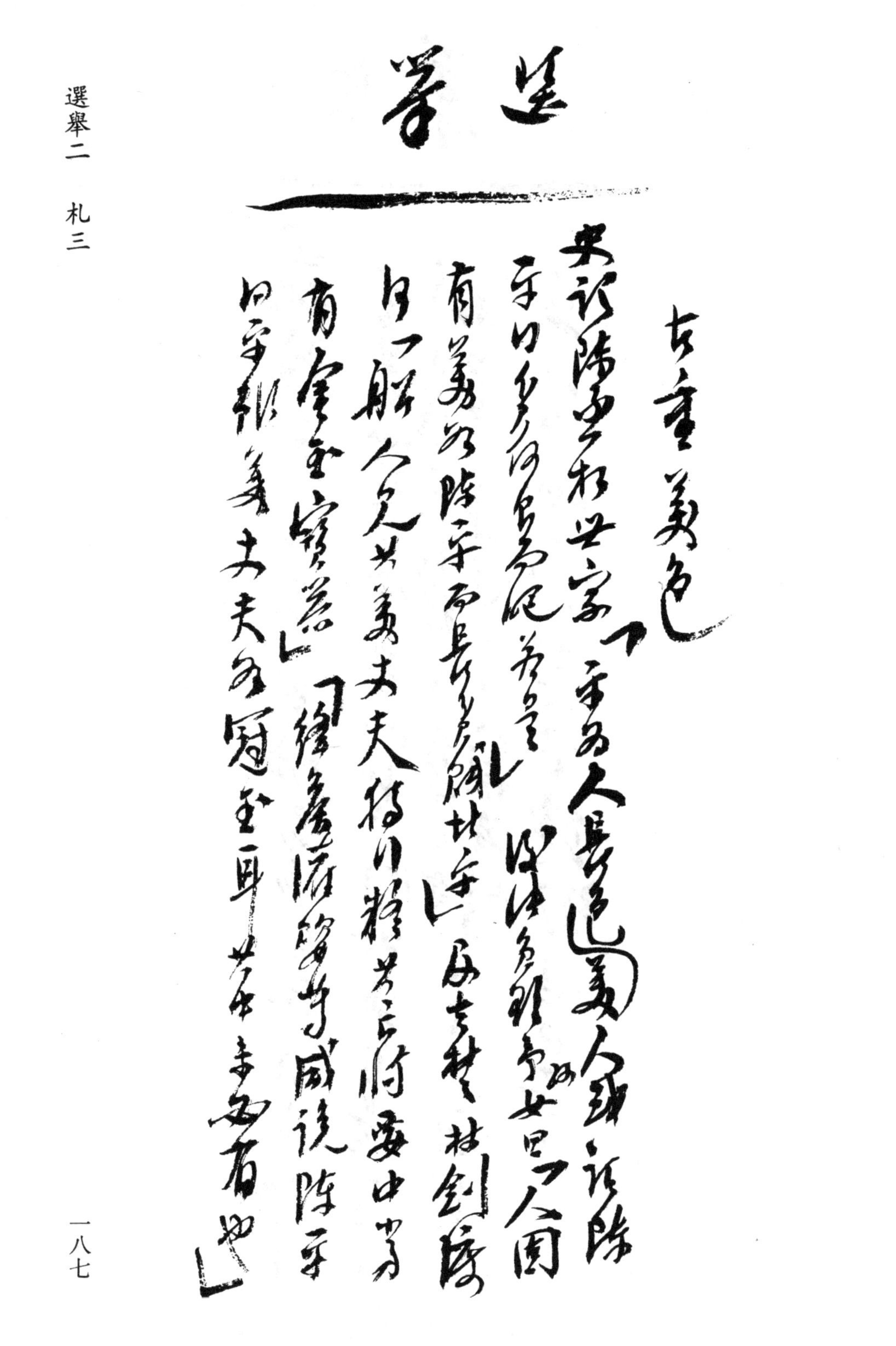

選舉

古重美色

史記陳丞相世家：平為人長美色。人或謂陳平曰：貧何食而肥若是？[illegible]人固有好美如陳平而長貧賤者乎。

[illegible]

筆述

史記陳丞相世家：「負隨平至其家，乃負郭窮巷，以弊席爲門，然門外多長者車轍。」李陵一作執報言 長安西樂[illegible] 一平陵安步可載，車一來執轍我從 蘇武中女[illegible]徵用 漢錢 附遂日序人肉食甚均父老曰善陳孺子之爲宰平曰嗟乎使平得宰天下亦如是肉矣陳涉起而王陳使周市略定魏地立魏咎爲魏王與秦軍相攻於臨濟陳平固已前謝其兄伯【集解】駰案漢書音義曰謝語其兄往事魏從少年往事魏王咎於臨濟魏王以爲太僕說魏王不聽人或讒之陳平亡去久之項羽略地至河上陳平往歸之從入破秦賜平爵卿【集解】張晏曰秩如卿不治事項羽之東王彭城也漢王還定三秦而東殷王反楚項羽乃以平爲信武君將魏王咎客在楚者以往擊降殷王而還項王使項悍拜平爲都尉賜金二十鎰居無何漢王攻下殷王項王怒將誅定殷者將吏陳平懼誅乃封其金與印使使歸項王而平身間行杖劍亡渡河船人見其美丈夫獨行疑其亡將要中當有金玉寶器目之欲殺平平恐乃解衣躶而佐刺船船人知其無有乃止平遂至修武降漢【集解】徐廣曰漢二年因魏無知求見漢王【索隱】漢書張敖與朱邑書云魏倩平須魏倩而後進孟康云即無知也漢王召入是時萬石君奮爲漢王中涓【集解】徐廣曰亦曰涓人受平謁入見平平等七人俱進賜食王曰罷就舍矣平曰臣爲事來所言不可以過今日於是漢王與語而說之問曰子之居楚何官曰爲都尉是日乃拜平爲都尉使爲參乘典護軍諸將盡讙【索隱】讙譁也音權又音暄漢書作皆怨曰大王一日得楚之亡卒未知其高下而即與同載反使監護軍長者漢王聞之愈益幸平遂與東伐項王至彭城爲楚所敗引而還收散兵至滎陽以平爲亞將屬於韓王信軍廣武絳侯灌嬰等咸讒陳平曰平雖美丈夫如冠玉耳其中未必有也【集解】駰案漢書音義曰飾冠以玉光好外見中非所有臣聞平居家時盜其嫂事魏不容亡歸楚歸楚不中又亡歸漢今日大王尊官之令護軍臣聞平受諸將金金多者得善處金少者得惡處平反覆亂臣也願王察之漢王疑之召讓魏無知無知曰臣所言者能也陛下所問者行也今有尾生孝己之行【集解】如淳曰孝己高宗之子有孝行而無益於勝負之數陛下何暇用之乎楚漢相距臣進奇謀之士顧其計誠足以利國家不耳且盜嫂受金又何足疑乎漢王召讓平曰先生事魏不中遂事楚而去今又從吾游信者固多心乎平曰臣事魏王魏王不能用臣說故去事項王項王不能信人其所任愛非諸項即妻之昆弟雖有奇士不能用平乃去楚聞漢王之能用人故歸大王臣躶身來不受金無以爲資誠臣計畫有可采者願大王用之使無可用者金具在請封輸官得請骸骨漢王乃謝厚賜拜爲護軍中尉盡護諸將諸將乃不敢復言其後楚急攻絕漢甬道圍漢王於滎陽城久之漢王患之請割滎陽以西以和項王不聽漢王謂陳平曰天下紛紛何時

定乎陳平曰項王爲人恭敬愛人士之廉節好禮者多歸之至於行功爵邑重之士亦以此不附今大王慢而少禮士廉節者不來然大王能饒人以爵邑士之頑鈍嗜利無恥者〔集解〕如淳曰猶無廉隅亦多歸漢誠各去其兩短襲其兩長天下指麾則定矣然大王恣侮人不能得廉節之士顧楚有可亂者彼項王骨鯁之臣亞父鍾離眛龍且周殷之屬不過數人耳大王誠能出捐數萬斤金行反間間其君臣以疑其心項王爲人意忌信讒必內相誅漢因舉兵而攻之破楚必矣漢王以爲然乃出黃金四萬斤與陳平恣所爲不問其出入陳平既多以金縱反間於楚軍宣言諸將鍾離眛等爲項王將功多矣然而終不得裂地而王欲與漢爲一以滅項氏而分王其地項羽果意不信鍾離眛等項王既疑之使使至漢漢王爲太牢具舉進見楚使即詳驚曰吾以爲亞父使乃項王使復持去更以惡草具進楚使〔集解〕駰案漢書音義曰草粗也〔索隱〕戰國策云食馮煖以草具如淳云藁草麤惡之具也楚使歸具以報項王項王果大疑亞父亞父欲急攻下滎陽城項王不信不肯聽亞父聞項王疑之乃怒曰天下事大定矣君王自爲之願請骸骨歸歸未至彭城疽發背而死陳平乃夜出女子二千人滎陽城東門楚因擊之陳平乃與漢王從城西門夜出去遂入關收散兵復東

北有林焉名曰桃林廣圓三百里卽謂此也其山谷今在閿鄉縣東南湖城縣西南去湖城三十五里天下不復輸積○宋祁云浙本天字上有不字今陛下能乎其不可六矣且夫天下游士離親戚棄墳墓師古曰離者言其乖避而委離之以從漢也○宋祁曰離親戚浙本離作左左者言其乖避而委離之若只作離字則不須用注也去故舊從陛下者但日夜望咫尺之地今乃立六國後唯無復立者師古曰旣立六國後土地皆盡無以封功勞之人故云無復立者唯發語之辭游士各歸事其主從親戚反故舊陛下誰與取天下乎其不可

選舉

且天下游士離其親戚棄墳墓去故舊從陛下游者徒欲日夜望咫尺之地今復六國立韓魏燕趙齊楚之後天下游士各歸事其主從其親戚反其故舊墳墓陛下與誰取天下乎

秦御史監郡者與從事常辨之辟[集解]張晏曰何與共事常明何素有方略也蘇林曰何與從事也秦時無刺史以御史監郡[索隱]謂何與御
史從事常辨明言稱職也何乃給泗水卒史[集解]徐廣曰沛縣有泗水亭秦以沛為泗水郡駰按文穎曰何為泗水郡卒史[索隱]如淳按律郡卒史書佐各十人也卒祖忽反事第一[索隱]謂課最居第一
御史欲入言徵何何固請得毋行

蕭相國世家

前漢書卷三十九

蕭何曹參傳第九

蕭何沛人也以文毋害為沛主吏掾服虔曰為人解通無嫉害也應劭曰雖為文吏而不刻害也蘇林曰毋害若言無比也一曰害勝也無能勝害之者晉灼曰酷吏傳趙禹為丞相亞夫吏府中皆稱其廉然亞夫不任曰極知禹無害然文深不可以居大府蘇說是也師古曰害傷也無人能傷害之者蘇晉兩說皆得其意服說非也○劉奉世曰持法者或以己意私怨陷人謂之害故貴於文毋害毋害者取其為人毋害於行則可以為吏矣文毋害者蓋其時擇吏之二事也亞夫所以稱禹無害廉其一節也故韓信又云無行不得推擇為吏餘說太迂高祖為布衣時數以吏事護高祖高祖為亭長常佑之師古曰佑助也言居家時為何所護及為亭長何又擁助也○宋祁曰注文也字當作之字高祖以吏繇咸陽師古曰繇讀曰傜傜役也吏皆送奉錢三何獨以五師古曰出錢以資行他人皆三百何獨五百奉音扶用反秦御史監郡者與從事辨之張晏曰何與共事備辨明何素有方略也蘇林曰辟何與從事也秦時無刺史以御史監郡師古曰二說皆同○劉攽曰此句先題目下事言秦制御史監郡者凡有事皆與從事共辨之何迺給泗水卒史師古曰泗水郡沛所屬也何為郡卒史事第一師古曰課最上秦御史欲入言徵何何固請得毋行孟康曰當還入相秦事故召何也師古曰此說非也御史以何明辨欲因入奏事之次言於朝廷徵何用之何心不願以情固請而御史止故得不行也

還至雒陽赦信以爲淮陰侯而與功臣剖符定封於是與平剖符世世勿絶爲戸牖侯平辭曰此非臣之功也上曰吾用先生謀計戰勝剋敵非功而何平曰非魏無知臣安得進上曰若子可謂不背本矣乃復賞魏無知

迺募民能入奴婢得以終身復爲郎增秩師古曰庶人入奴婢則復終身先爲郎者就增其秩也一曰入奴婢少者復終身多者得爲郎舊爲郎更增秩也及入羊爲郎始於此此後四年衛青比歲十餘萬衆擊胡師古曰比歲頻歲也斬捕首虜之士受賜黃金二十餘萬斤而漢軍士馬死者十餘萬兵甲轉漕之費不與焉師古曰與讀曰豫於是大司農陳臧錢經用賦稅既竭不足以奉戰士師古曰陳謂列奏之經常也既盡也言常用之錢及諸賦稅並竭盡也有司請令民得買爵及贖禁錮免臧罪請置賞官名曰武功爵臣瓚曰茂陵中書有武功爵一級曰造士二級曰閑輿衛三級曰良士四級曰元戎士五級曰官首六級曰秉鐸七級曰千夫八級曰樂卿九級曰執戎十級曰政戾庶長十一級曰軍衛此武帝所制以寵軍功師古曰此下云級十七萬凡直三十餘萬金今瓚所引茂陵中書止於十一級則計數不足與本文乖矣或者茂陵書說之不盡也級十七萬凡直三十餘萬金諸買武功爵官首者試補吏先除千夫如五大夫師古曰五大夫舊二十等爵之第九級也至此以上始免徭役故每先選以爲吏千夫者武功十一等爵之第七也亦得免役今則先除爲吏比於五大夫也。劉攽曰直三十餘萬金其價之差殊不可詳也秦爵十八大庶長十九則關內侯武功爵比之減一級入關內侯亦其宜也或說七當作一與茂陵中書合矣予謂賣爵當級級稍增其價豈可例云級十七萬若每級十七萬此至三十餘萬金則一萬七千餘級又非也然則誤衍此萬字蓋武功爵其級十七又曰官首亦武功爵名當讀云買武功爵官首者試補吏先除言官首稱吏稱試但先除之千夫如五大夫五大夫之制於史無傳以理推之當是補吏不試也其有罪又減二等爵得至樂卿師古曰樂卿者武功爵第八等也言買爵雖得至第八也此文止論武功爵級而作注者乃以舊二十等爵解之失其本意故刪而不取以顯軍功軍功多用超等大者封侯卿大夫小者郎吏道雜而多端則官職耗廢師古曰耗亂也音莫報反

所忠言世家子弟富人或鬬雞走狗馬弋獵博戲亂齊民如淳曰世家謂世世有禄秩家也齊等也無有貴賤謂之齊民若今言平民矣晉灼曰中國被教齊整之民也師古曰所姓也忠名也武帝之近臣郊祀志云公孫卿因所忠言寶鼎石慶傳云欲請詔近臣所忠廣川王傳云言漢公卿及幸臣所忠司馬相如傳云所忠往取書考其蹤迹此並一人也而說者或以爲所忠信之人此釋大謬齊等之義如說是也迺徵諸犯令相引數千人名曰株送徒入財者得補郎郎選衰矣應劭曰株根本也送致也如淳曰株蔕也諸坐博戲事決爲徒者能入錢得補郎李奇曰先至者爲魁株也師古曰言被牽引者爲其根株所送當充徒役而能入財者即當

也久經耗賦稅既竭猶不足以奉戰士有司言天子曰朕聞五帝之教不相復而治禹湯之法不同道而王所由殊路而建德一也北邊未安朕甚悼之日者大將軍攻匈奴斬首虜萬九千級留蹛無所食【索隱】蹛音逝謂貯也韋昭云音滯謂積也又案古今字詁蹛今滯字則蹛與滯同謂富人貯滯積穀則貧者無所食也議令民得買爵及贖禁錮免減罪請置賞官命曰武功爵【集解】瓚曰茂陵中書有武功爵一級曰造士二級曰閑輿衛三級曰良士四級曰元戎士五級曰官首六級曰秉鐸七級曰千夫八級曰樂卿九級曰執戎十級曰左庶長十一級曰軍衛此武帝所制以寵軍功級十七萬凡直三十餘萬金【索隱】大顏云一金爲錢也計十一級級十七萬合百八十七萬金而此云三十餘萬金其數必有誤者顧氏案或解云初一級十七萬自此已上每級加二萬至十七級合成三十七萬也諸買武功爵官首者試補吏先除【索隱】官首武功爵第五也位稍高故得試爲吏先除用也千夫如五大夫【索隱】千夫武功十一等爵第七五大夫舊二十等爵第九也言千夫爵秩比於五大夫故楊僕以千夫爲吏殆謂此其有罪又減二等爵得至樂卿【集解】徐廣曰爵名也駰案漢書音義曰十爵左庶長以上至十八爵爲大庶長也名樂卿樂卿者朝位從九卿加樂者別正卿又十九爵爲樂公食公卿祿而無職【索隱】蓋此言武功置爵唯得至於樂卿也臣瓚所引茂陵書蓋後人記其爵失耳今云十爵至十八庶長爲樂卿十九至二十爲樂公乃以舊二十爵釋武功爵蓋亦臆說爾非也大顏亦以爲然以顯軍功軍功多用越等大者封侯卿大夫小者郎吏吏道雜而多

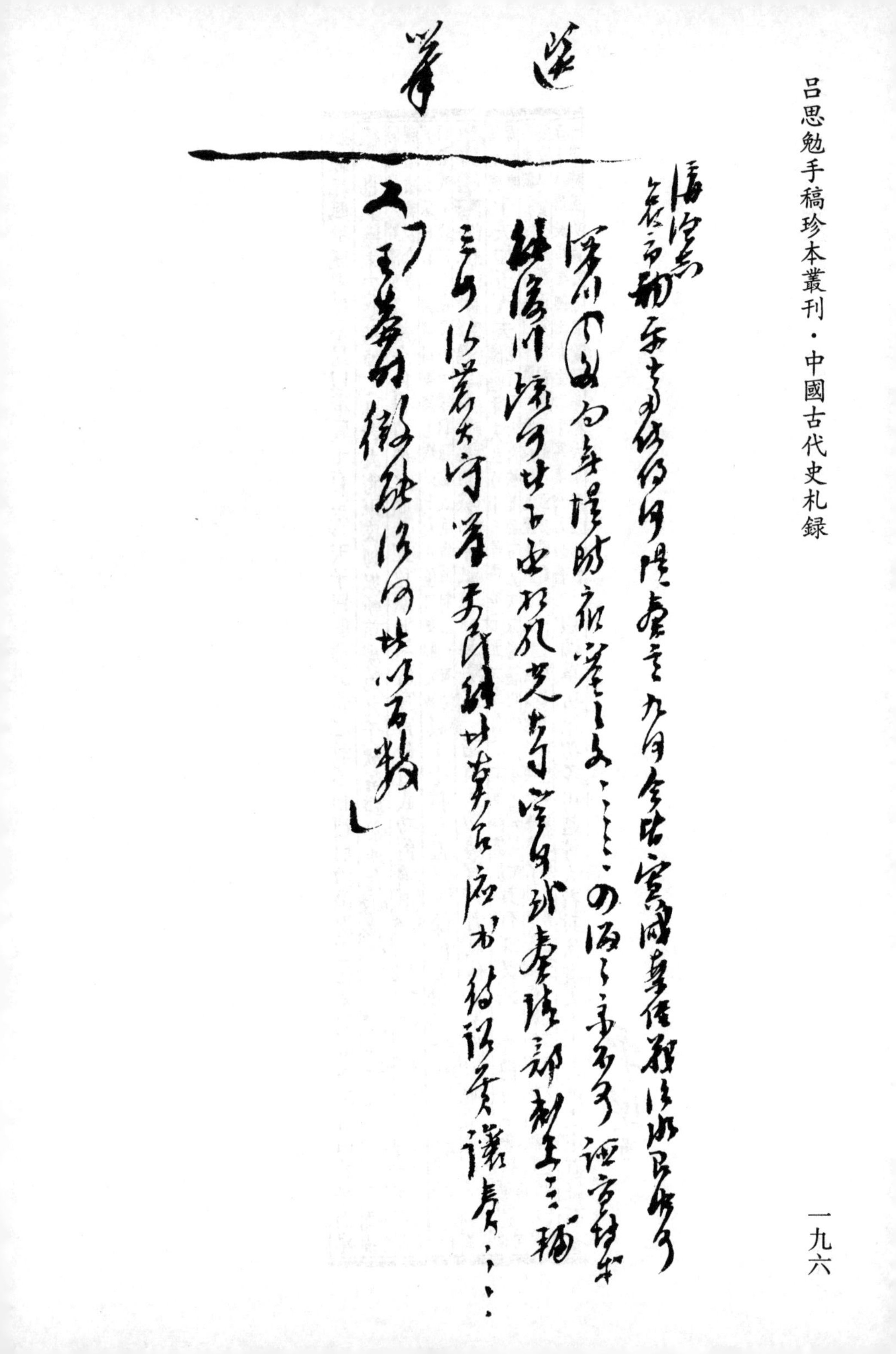

選舉

唐會要

[illegible]勅[illegible]九月[illegible]

[illegible]

[illegible]

[illegible]

[illegible]

選

高等考試

二十年七月十五日舉行　審查合格錄取一八二人
開大小楷書取

普通　一一六八　〇三

警察　〇九五　二〇

財務　日路　二六八　七

教育　一〇九　二〇

外交　一四五　六

考試（疑奪法字）施行細則

十九、十二、三十公布

現任公務員甄別審查條例

十九·十二·三十令　施行期間展至二十年

六月底截止

考試院公務員試條例

十九年十月　凡十六條　普通八分

高等考試

秘書
法制
財務
外交官
領務人員
統計人員
司法官律師
警察官
普通

普通考試

選

▲南京　廿八日晨、立法院通過公務懲戒委員會組織法、要點、㈠公務員懲戒委員會、直隸司法院除法律別有規定外、掌管一切公務員懲戒事宜、㈡公務員懲戒委員會、分(甲)中央公務員懲戒委員會、(乙)地方公務員懲戒委員會、㈢中央公務員懲戒委員會、置委員長一人、特任委員十一至十七人、其中六至九簡任、餘就現任最高法院庭長及推事中簡派兼任、掌管全國薦任職正公務員及中央各官署委任職公務員懲戒事宜、㈣地方公務員懲戒委員會、分設各省、各置委員長一人、由高等法院長兼任、委員七至十一人、掌管各該省委任職公務員懲戒事宜、㈤直隸行政院之市、準用前條規定、設地方公務員懲戒委員會、並得以地方法院長兼任委員長、及遴派地方法院庭長及推事兼任委員、

選

▲南京　立法院二十五日通過公務員任用法、第一條、公務員之任用、除法律別有規定外、依本法行之、第二條、簡任職公務員、應就具有左列各款資格之一者任用之、㈠現任或曾任簡任職、經甄別審查或考績合格者、㈡現任或曾任最高級薦任職一年以上、經甄別審查或考績合格者、㈢曾任政務官一年以上者、㈣曾於民國有特殊勳勞或致力國民革命十年以上而有勳勞者、㈤在學術上有特殊著作或發明者、第三條、薦任職公務員、應就具有左列各款資格之一者任用之、㈠經高等考試及格或與高等考試相當之特種考試及格者、㈡現任或曾任薦任職、經甄別審查或考績合格者、㈢現任或曾任最高級委任職三年以上、經甄別審查或考績合格者、㈣曾於民國有勳勞或致力國民革命七年以上而有成績者、㈤在教育部認可國內外學校畢業而有專門著作、經審查合格者、第四條、委任職公務員、應就具有左列各項資格之一者任用之、㈠經普通考試及格、或與普通考試相當特種考試及格者、㈡現任或曾任委任職、經甄別審查或考績合格者、㈢現在雇員、繼續服務三年以上、而成績優良者、㈣曾致力國民革命五年以上、而有成績者、㈤在專科學校以上學校畢業者、第五條、公務員任用、除依前三條規定外、應依其考試經驗與其所任職務相當者爲限、第六條、有左列各欵情事之一者、不得任用爲公務人員、一●褫奪公權尚未復權者、二●虧空公欵尚未淸償者、三●曾因贓私處罰有案者、四●吸用鴉片或其他代用品者、第七條、簡薦任職公務員、由國府交銓敍部審查合格後、分別任命之、委任職公務員任用、由該管長官送銓敍部審查合格後委任之、銓敍部接到前二項文件後、應即付審查、決定合格或不合格、第八條、在請簡呈薦擬委期間、該管長官於必要時、得派有相當資格人員代理、但代理期間、不得逾三個月、第九條、考試及格人員、應按其考試種類及科目、分發相當官署任命、第十條、薦任職委任公務員、應就考試及格人員優先任用、考試及格人員任用、以銓敍部分發先後爲序、第十一條、任用程序、分爲試署及實授、試署滿一年者、始得實授、第十二條、初任人員、應爲試署・並從最低級俸[illegible]資及勞績者、得按其原級敍俸、有簡任職資格而以薦任職任用、或有薦任職資格而以委任職任用者、得不適用前項規定、並保留原有資格、第十三條、本法於政務官不適用之、第十四條、爲施行本法、得由銓敍部分別擬訂條例、呈由考試院轉請國府核定之、第十五條、本法施行日期、以命令定之、

考績與行政改進

上月杪，立法院例會通過公務員考績法及考績獎懲條例，我們現在願一論厲行考績與行政改進的關係

現在國內提倡行政改造的，主張頗不一致。有的主張樹立考銓制度，有的主張講求行政效率，有的主張嚴行考績，又有的主張這幾種方法同時並用。我們則以為對於這些方策，應先加以鑑別，在其中找得一個先後的秩序，方能形成一個合乎邏輯的改造計劃。而決不應將這些問題混為一談。經過研討之後，我們以為應當將吏治的改造劃為三個時期：第一為澄清仕途時期，第二為樹立考銓制度時期，第三為講求行政效率時期。這樣三個時期，正如中山先生於政治制度的改造時所分的軍政，訓政，憲政三時期一樣，雖然在各時期當中劃不出一條截然的界限，然而大體上若依這個程序施行起來時，實可以得到許多方便。良以仕途不澄清，則考銓制度不能樹立，考銓制度不能樹立，則行政效率無從講起。

中國人是健忘的。國民革命軍方推倒北洋軍閥時，我們到處可以聽到肅清吏治的口號。近三數年來，新局面已經粗定，於是講考勤與效率的呼聲又高入雲表了。國人不但健忘，並且最容易被催眠。現在我們願立時提醒國人：我們的吏治問題，仍和以前一樣嚴重！所以依上面所劃分的三個時期看來，我們目前主要的工作，便在怎樣肅清仕途。肅清仕途的方法是甚麼呢？那便是考績法或抽考法。由此我們可以見到考績法與我國行政改造是有如何密切的關係。

不過我們在這裏應另立下一條原則。便是：我們今日講考績不祗是為考核公務員的勤惰，不祗是為測量他的效率，藉以評定等級，分別決定獎罰的；我們乃是要藉着考績來甄別那些已被胡亂登庸的公務員之勝任與否，來藉考績決定這些人的去留的。我們是拿考績來做樹立考銓制度的初步工作，而不是像歐美早已樹好文官制度的國家，再藉考績來促進公務員的效能的。我們尚談不到這一點。我們要拿考績當做猛烈的瀉劑，而不應視之為榮養品。

其次，考績在方法上也須求其能生速效。歐美各國的公務員之考績，是由各主管上級長官來執行的。但是中國在用人制度沒有改善之前，是不能採用這種方法的，因為長官所考覈的員司，正多半是由他直接或間接援引錄用的親黨。由他自己考覈自己所用的人員，實際必等於掩耳盜鈴。

分析此次公佈的考績法，即知道我們所提出的以

考績來澄淸仕途的計劃是不會實現的。公務員考績奬懲條例第八條裏說：成績過劣應行解職人員，年考不得少於各該機關總員額百分之二，總考不得少於各該機關總員額百分之四。是則較去年考銓會議所通過的每年抽考現任公務員十分之一，期於十年內，刷新吏洽的議案，更嫌妥協無力了。考覈的長官，也正是直接上司。雖然「初覈覆覈長官有徇私舞弊時，應依法分別懲戒」，但對比較高級的有考覈權力的「政務官」，考績法又不適用。並且用這種考覈的方法，於每年必須裁人時，其去留標準亦必爲私情而不爲勞績。如此更將使現有制度劣化。十八年國府會公佈與本次所通過的相似的考績法，所生實效很少，這次考績法的未來，現在我們也可以想像到一二。

總之，我們在今日應理解行政改造的重要，應將考積或抽考視爲澄淸仕途的初步工作。當局所擬的辦法，雖尚不能滿足我們的希望，但我們對于這個問題的注意，却不應鬆弛下來。

選舉

明選舉

[illegible]第[illegible]兩京鄉試考試　歷代[illegible]部

咨知貢舉考試分考[illegible]

六年[illegible][illegible][illegible]子[illegible]會試分

[illegible]

[illegible]

[illegible]

(●)行政院通過各省縣舉士辦法

國府爲咨求民隱、決定甄舉人士、以備詢用、昨由行政院會議通過舉士辦法十五條、全文如下、(一)國民政府爲咨求民隱、厲行興革起見、特飭各省縣分別甄舉人士、以備詢用、(二)甄舉人士、以年在三十歲以上、具有左列資格之一者爲合格、甲歷辦地方事業卓著成績、允孚衆望者、乙國內外大學畢業、有社會政治學識者、丙曾在教育機關服務三年以上、著有成績者、丁學術豐富、曾有著述者、(三)有左列情事之一者不得甄舉、甲有反對三民主義之言行、證據確鑿者、乙被告爲貪官汚吏土豪劣紳、經法庭判決有罪者、丙曾受刑事處分者、丁虧欠公款尚未清結者、戊被國民黨開除黨籍、或受停止黨籍之處分、尚未恢復者、己有不良嗜好者、庚心神喪失者、辛現在委任職以上之公職員、凡因從事國民革命而受刑事處分者、不受前項第三款之限制、(四)各省政府按舊道區域、每區甄舉一人至三人、並令每縣甄舉一人至三人、均由省縣府彙報行政院核准、轉請國民政府備案、舊日未設道各省准就省分大小酌量甄舉、(五)省政府甄舉人士、應由省政府全體委員分別採訪、由地方法團推選、各具保結、連同憑證、送經省政府委員會、詳細考察、公決具報、(六)各縣甄舉人士、由縣長採訪、或由地方法團推選、各具保結、連同憑證、呈送省政府核准轉報、(七)各省縣甄舉人士決定後、應由省政府造具履歷清册、黏附四寸最近相片、呈報行政院查核、(八)凡被甄舉核准之人士、統名爲待徵員、無須來京、俟於必要時召集之、(九)待徵員如有特長者、由政府酌量選用、(十)待徵員隨時得以地方情形、建議於省縣政府、由省政府轉呈國民政府、(十一)待徵員如有朦混冒替、或本辦法第三條所列第一至第七款之一情事、經告發或查覺、確實有據者、除取消其名義外、並予原甄舉者相當處分、(十二)此次辦理甄舉、凡江蘇浙江安徽江西福建湖北湖南河北河南山東山西廣東等省、限文到兩個月內具報、其餘各省限三個月內具報、(十三)各省縣甄舉人士、均限於本籍人、(十四)本辦法第五第六各條所稱地方法團、係指依中央法令正式組織之職業團體而言、(十五)本辦法由國民政府公佈施行、十七·十二·一

(四)

舉賢甄訪民隱令 十七・十一

▲本報六日南京電　六日國民政府令、國家凡百庶政、無非爲人民謀樂利除痛苦、中央爲政治總樞、當擔遼闊、必使萬里如戶庭、明知於心目、而後施政方針、能應人民要求、正當建設伊始、萬端待舉、勤求民隱、以資興革、實爲急不容緩之圖、應由各省政府、就舊道區域內選擇公正廉明有學識經驗者、每區甄訪一人至三人、每縣甄訪一人至三人、彙報政府、以備錄用、並隨時以地方情形諮問、其被舉報者不必來京、於必要時始行召集、庶幾起自田間、深知人民疾苦、獻可替否、當能悉中肯綮、着由行政院迅即擬定人選資格及詳細辦法、呈候核定施行、此令、

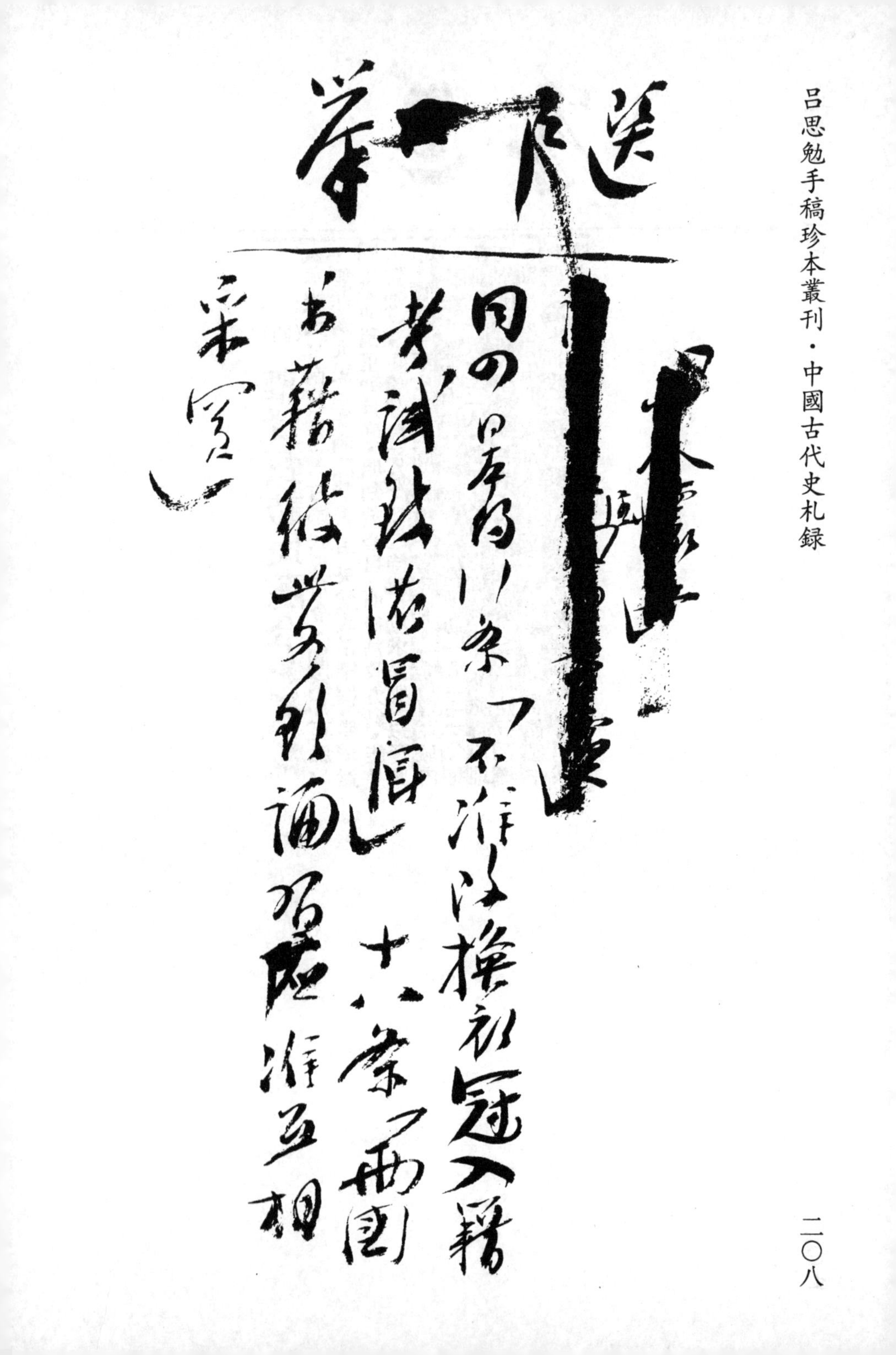

⊙公務員考績法（一七〇一二）

【南京】考試院編譯局、四日第六次會議修正通過公務員考績法、其條文如下、

(一)公務員考績、由考試院銓敘部掌理之、

(二)公務員考績、分月考績年考績、

(三)公務員考績標準如左、甲、忠誠、乙、勤慎、丙、効能

(四)公務員考績、由其直接長官評定之、高級長官覆覈之、

(五)公務員月考績、依第三條各標準以百分率定之、年考績以月考績總分數平均計算、

(六)公務員考績表、由各官署長官、於每曆年終了後、彙送銓敘部、

(七)銓敘部接到公務員考績表後、須於三個月內審查完竣、評定等級、

(八)公務員之獎懲、依其考績之等級定之、

(九)銓敘部如發見該管長官、對於公務員考績、有徇私不公情事、應交付懲戒、

(十)考績細則及考績表、另定之、

(十一)本法自公布日施行、(四日下午十鐘)

◉國府公布技師登記法

國民政府制定技師登記法、已於二十九日公布、全文如左(一)凡願當技師者、均應依照本法聲請登記、(二)本法稱技師者、爲左列三種、㈠農業技師、㈡工業技師、㈢礦業技師、(三)農業技師分左列各科、㈠農科、㈡林科、㈢農藝化學科、㈣蠶桑科、㈤水產科、㈥畜牧獸醫科、㈦其他關於農業各科、工業技師、分左列各科、㈠應用化學科、㈡土木科、㈢電氣科、㈣器械科、㈤紡織科、㈥其他關於工業各科、礦業技師、分左列各科、㈠採礦科、㈡冶金科、㈢應用地質科、㈣其他關於礦業各科、(四)凡具左列各欵資格之一者、得向該管官署聲請登記爲技師、㈠在國內外大學或高等專門學校修習農工礦專門學科三年以上、得有畢業證書、並有二年以上之實習經驗得有證書者、㈡曾經考試合格者、㈢辦理農工礦各廳所技術二項、有改良製造或發明之成績、或有關於專門學科之著作、經審查合格者、(五)有左列各欵情事之一者、不得聲請登記、其已經登記者、得註銷其登記、並追繳技師登記證書、㈠曾因業務上之玩忽或技術不精致他人受損害者、㈡關於業務之執行、曾有違法情事證據確鑿者、(六)技師之登記、由各主管部行之、(七)技師資格之審查、由各主管部選派專門人員、組織技師審查委員會行之、技師審查委員會規則、由各部定之、(八)凡聲請登記者、須具聲請書連同四寸半身相片、並分別呈驗左列書件、㈠學校畢業證書、㈡經驗證明書、㈢發明或改良製造之憑證、㈣關於專門學科之著述、㈤考試合格及其他成績證明書、(九)審查前條書件、發生疑問時、除通知聲請人補呈外、得命其到塲試驗、(十)技師審查合格者、應由各主管部發給技師證書、刋登政府公報、並呈報考試院、技師證書格式、由各該部定之、(十一)凡聲請登記者、應繳登記費證書費各十元、前項證書費、如經審查不合格時、須發還之、(十二)技師證書遺失、須得聲請補發、但須繳補發證書費十元、(十三)凡依本法、領有技師證書者、得設立事務所、執行業務、但於設立事務所時、應向所在地之主管官署、呈報左列事項、㈠姓名年歲籍貫住址、㈡出身、㈢經歷、㈣技師登記號數及發給證書日期、㈤事務所之地址、(十四)領有技師證書者、得受委託辦理技術上之設計實施及與技術有關係之各種事務、(十五)技師辦理各種技術事務、有違反法規者、原登記官署、得註銷其登記、並追繳其證書、(十六)凡未經登記而擅受委託辦理各種技術事務者、應由該管官署、飭令停業外、並得處以二百元以上之罰金、(十七)本法施行日期及施行規則、由行政院定之、

公務員任用法

國府十一日公布之公務員任用法、原文如次、

（第一條）公務員之任用、除法律別有規定外、依本法行之、（第二條）簡任職公務員、應就具有左列各欵資格之一者任用之、㈠現任或曾任簡任職經甄別審查或考績合格者、㈡現任或曾任最高級荐任職二年以上經甄別審查或考績合格者、㈢曾任政務官一年以上者、㈣曾於民國有特殊勳勞或致力國民革命十年以上而有勳勞者、㈤在學術上有特殊之著作或發明者、（第三條）荐任職公務員、應就具有左列各欵資格之一者任用之、㈠經高等考試及格或與高等考試相當之特種考試及格者、㈡現任或曾任荐任職經甄別審查或考績合格者、㈢現任或曾任最高級委任職三年以上經甄別審查或考績合格者、㈣曾於民國有勳勞或致力國民革命七年以上而有成績者、㈤在教育部認可之國內外大學畢業而有專門著作經審查合格者、（第四條）委任職公務員、應就具有左列各欵資格之一者任用之、㈠經普通考試及格或與普通考試相當之特種考試及格者、㈡現任或曾任委任職經甄別審查或考績合格者、㈢現充僱員繼續服務三年以上而成績優良者、㈣曾致力國民革命五年以上而有成績者、㈤在專科學校以上之學校畢業者、（第五條）公務員之任用、除依前三條之規定外、並依其學識經驗與其所任之職務相當者爲限、（第六條）有左列各欵情事之一者、不得任用爲公務員、㈠褫奪公權尚未復權者、㈡虧空公欵尚未清償者、㈢曾因贓私處罰有案者、㈣吸用鴉片或其代用品者、（第七條）簡任職荐任職公務員之任用、由國民政府交銓叙部審查合格後分別任命之、委任職公務員之任用、由該管長官送銓叙部審查合格後委任之、銓叙部接到前二項文件後、應即付審查決定合格或不合格、（第八條）在請簡呈荐擬委之期間、該管長官於必要時、得派有相當資格之人員代理、但代理期間、不得逾三個月、（第九條）考試及格人員、應按其考試種類及科目、分發相當官署任用、（第十條）荐任職委任職公務員、應就考試及格人員儘先任用、考試及格人員之任用、以銓叙部分發先後爲序、（第十一條）任用程序、分爲試署及實授、試署滿一年者、始得實授、（第十二條）初任人員、應爲試署、並從最低級俸叙起、但曾任公務員積有年資及勞績者、得按其原級叙俸、有簡任職資格、而以薦任職任用或有薦任職資格而以委任職任用者、得不適用前項之規定、並保留原有資格、（第十三條）本法於政務官不適用之、（第十四條）爲施行本法、得由銓叙部分別擬訂條例、呈由考試院轉請國民政府核定之、（第十五條）本法施行日期以命令定之、（二・三）

考試

考試事項分爲考選與銓敘考部份、攷選以達到全國公務員均須出於考試一途爲目的、銓敘以達到全國公務員均須經過銓衡任用爲目的、一則在於甄拔適合需用人才、一則在於使甄拔人才、各當於所用、茲將一年來主要工作分別略陳如左、

甲 考選

◇高等考試◇ 第二屆高等考試、於年十月二十日、在北平首都兩地同時舉行、計分普通財務教育會計統計外交官領事官司法官等七種、應考人數總計二千六百三十九人、其中在首都應考者計一千六百九十四人、在北平應考者計九百四十五人、結果錄取一百零一名、佔應考總人數百分之三、八三、

◇普通考試◇ 在首都普通考試之籌備、監獄官考試之舉行、在各省方面、往考試院核准舉行普通考試者、計有綏遠河北陝西江蘇河南五省、其中綏遠河北二省、已辦理完畢、綏遠計錄取五十三名、河北二百九十三名、

◇檢定考試◇ 查考試高等及普通考試資格檢定、與學校畢業並重、原以博學俊彥、未必盡出於學校之門、本年規定舉行高等考試以前、各省市應先舉行高等檢定考試、並因辦理上之便利、同時舉行普通檢定考試、均限六月底辦竣、浙江福建河南江蘇陝西安徽山西綏遠江西湖北湖南青海河北山東甘肅甯夏雲南等省、暨南京上海北平青島四市、威海衛行政區等處、均已分別先後訂期舉行、此固爲二屆高等考試前應行舉辦之事項、亦爲各省市普通考試之準備也、

乙 銓敘

關於銓敘之重要法規、厥爲公務員任用之公布、從此各機關公務員之任用準備、有所依據矣、全年甄別之現任公務員暨書僱除保留者外、共一萬二千一百三十六人、計簡任一百七十四人、薦任一千四百零四人、委任八千九百四十六人、書僱二千六百十二人、合格者共七千九百一十人、計簡任一百五十人、薦任七百七十五人、委任六千四百零三人、書僱五百八十二人不合格者共二千八百八十八人、計簡任七人、薦任一百六十四人、委任二千零三十二人、書僱六百八十五人、尚有降級不予甄別者、無庸甄別者、共一千三百三十八人、凡合格者均經分別給予合格證明書、作所任官職之保障、至不合格及應降級者亦經分別函請原機關予以停職或降級任用、公務員初次登記者、共二萬零七百二十六人、其中關於中央各機關者、計千二百零九人內簡任一百八十四人、薦任一千四百十九人委任六千二百五十三人、書僱三百十三人、關於地方各機關者計一萬二千五百十七人內簡任七人、薦任七百六十六人委任一萬一千四百四十七人、書僱二百九十七人動態登記者一千五百三十三人、其中任十四人、免七百二十一人、升三百五十一人、降七人、獎三十九人、罰四人、其他三百九十七人任可審查者七百六十一人、俸給審查者六千八百二十三人其中現任六千二百八十七人、擬任五百四十六人、擬用縣長審查者一百八十九人、其中合格者一百四十七人、不合格者四十一人、卹金審查者四百五十四人、高考及格人員試署成績審查實授薦任職者九十二人、覆核考試及格人員登記者一千三百十一人、

廿二年

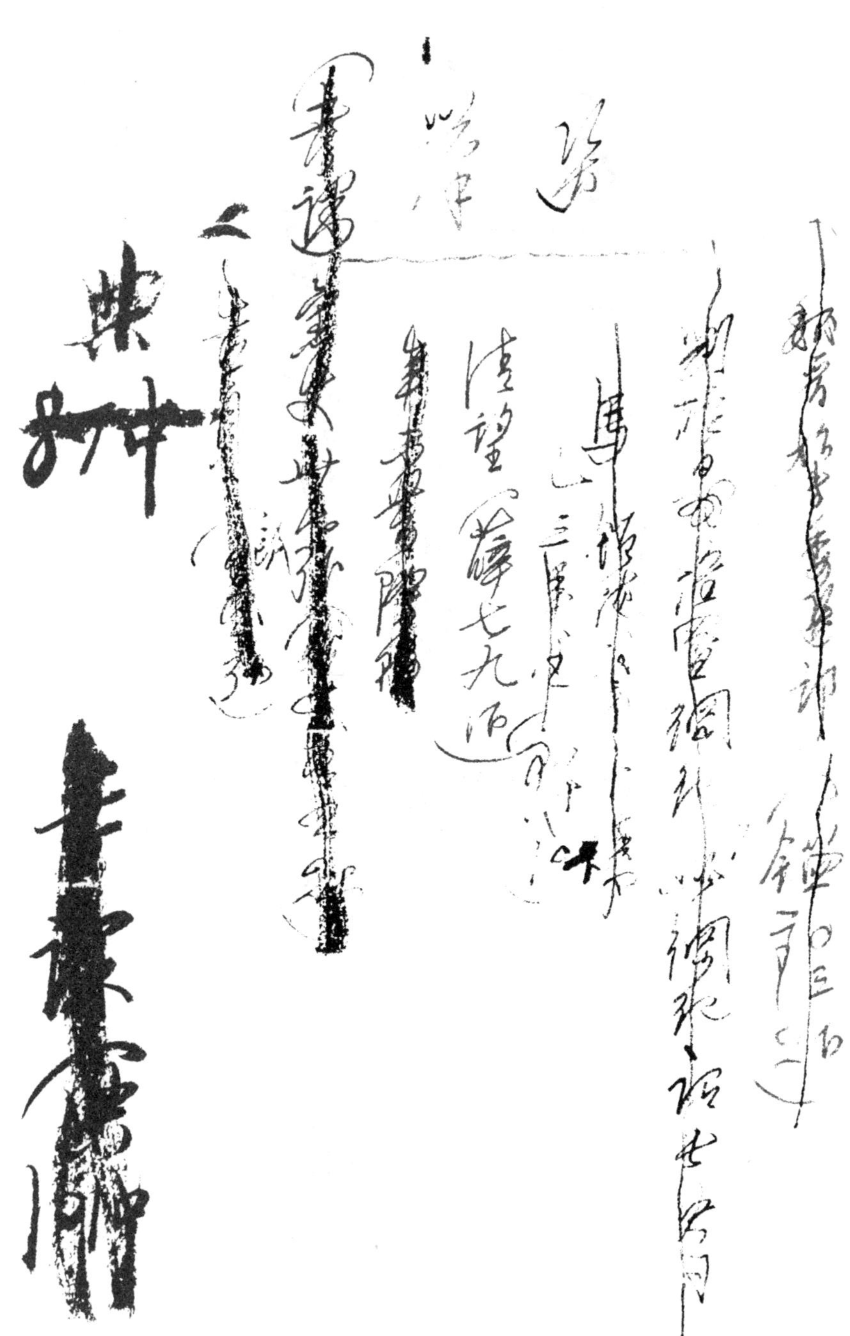

送

郎　范

吴有太公平郎中丞

（異十四　185）

中丞　畢　190

選舉

告身輸錢乃給

困學紀聞 十四 23下

選舉

（試官）起天授二　試者未爲正命

正官階高官卑者曰（行）階卑官高者曰（守）官階同者無行守字

（員外）唐初有之　神龍二置二千餘人之半　員外祿俸減正官　宋徽亦有

（同正員）同正員者唯不給職田祿俸賜與正官同

（檢校）詔除非正命

（攝）敕攝非州府版署之命

（判）（知）詔除非正命

清河　以藝官士（如音樂醫祝）特諸官謂之雜流不得與攝

仕伍而清簡者

內外　非庶官嬖幸不得日侍入官庭而內外者　除官

中府中廬南司北司鬭掌不相而謂品流亦復殊異

文武　左右選

考績之法

繁露考功名

選舉

二、唐宋取人、二、唐宋科舉、（二、唐宋為時材 中國通史 775）

丙寅賜方名進士（以宋四二、二頁上）第師貢進士

（以宋六十頁上）

進士

覆試、書畫試（譯四三上、進四七上、八四三上）

進士詩賦殿試、詞賦程文十補（十五上）

舉人合格不肯業進士儒（以五九上）

特恩進士以已及第附名次為重（以五六上後）陸上

考功稱補御（以鍾、韓上）

開舉宗刑相親以演讀者不由科舉（以鍾九、韓上）

奉程不由科舉使以知舉者程韓郎

銓選法

凡九品已上職事皆帶散位謂之本品

職事則隨才録用或從閑入劇或去高就卑

遷徙出入參差不定

散位則一切以門蔭結品然後勞考進敍

武德令職事解散官欠一階不至為兼職事卑

者不解散官

其以下乃注官時高者稱守卑者稱行（四三上）

貞觀令以職事高者為守卑者為行仍各帶散

位

其欠一階依舊為兼與當階者皆解散官

永徽已來欠一階者或為兼或帶散官或為守

參而用之其兩職事者亦為兼頗相錯亂

咸亨二年始一切為守（四二上）

通鑑弘道元年注同（一〇四三下）

12

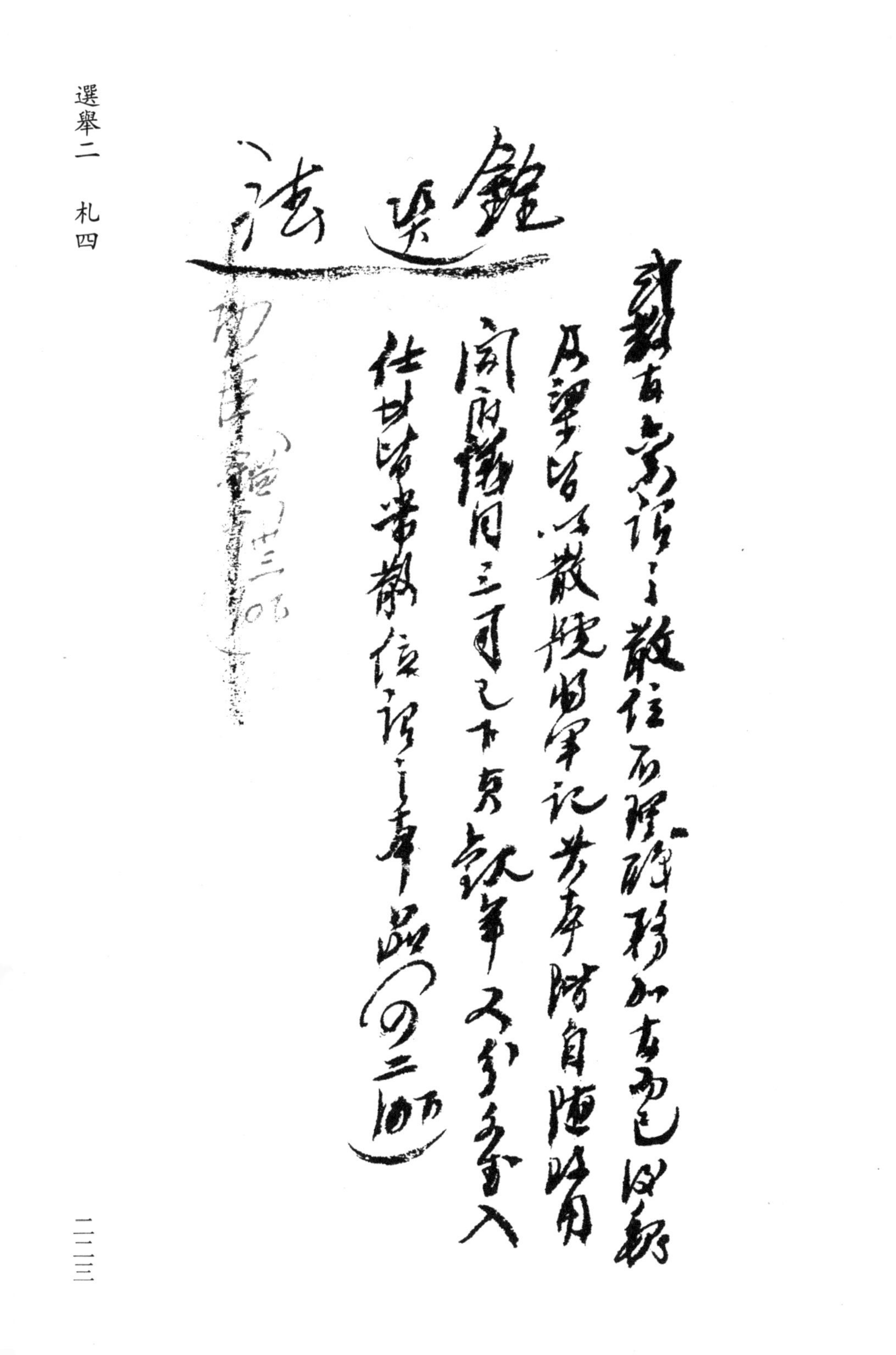

刑法一

刑法提要

「刑法」一類的札録，原一包，内分八札。大部分是吕先生從《史記》《漢書》《後漢書》《晉書》及《資治通鑑》等史籍上摘出的資料，也有部分是讀《困學紀聞》《文化人類學》《清代通史》等書籍及報刊雜誌的筆記。

吕先生的札録，天頭或紙角上常會寫上「刑法」「報仇」「贖刑」等分類名稱，有些寫有題頭，如第九册第四一、七六頁「秦之酷刑」「投諸四裔」等。資料大多是節録或剪貼史籍的原文，未録原文的，就在題頭下注明資料出處，如第八册第二六四頁「質作」注見《資治通鑑》「百四七9下」(即《通鑑》卷一四七第九頁反面），第九册第一三頁「許收妻入獄生子」注見《後漢書》「九四2上」(即《後漢書》卷九四第二頁正面）。札録中有不少先生加的按語，如第九册第八頁「非常事不得以常理斷」條，先生按：「此事信否不可知，然非常事不得以常理斷之，自是一理也。」有些題目已匯總了很多資料，如第五札之以「復仇」爲題的資料，有十餘頁。第九册第二頁「儒吏相輕」條，幾乎是一篇讀史札記的初稿。

「刑法」一包，有不少剪報資料，此次整理只收録了一小部分；札録的手稿部分，均按原樣影印刊出。

刑法

魏刑律令

魏書世祖紀神䴥四年十月戊寅，詔司徒崔浩改定律令。（四上廿）

又太平真君六年三月，詔諸有疑獄皆付中書，以經義量決。（四下廿）

又正平元年六月，詔曰：夫刑網大密，犯者更眾，朕甚愍之，有司其案律令，務求厥中，自餘有不便於民者，依比增損，詔太子少傅游雅、中書侍郎胡方回等改定律制。（四下廿五）

太和元年九月乙酉，詔群臣定律令於太華殿。（七上廿）

又高祖紀太和十五年五月己亥，議改律令。（七下廿）八月丁巳，議律令事。（廿）十六年四月丁亥朔，頒新律令，大赦天下。五月癸未，詔群臣於皇信堂更定律條，流徒限制，帝親臨決之。（廿）

又世宗紀正始元年十二月己卯，詔群臣議定律令。（八廿）

魏書出帝脩紀太昌元年：「詔曰：前主為律，後主為令，歷世永久，實用滋章，可令執事之官，四品以上，集於都省，取諸條格，議定一途，其不可施用者，當局停記，新定之格，勿與舊制相連，務在約通，無致冗滯。」（下一頁）

又孝靜紀興和三年：「冬十月癸卯，齊文襄王自晉陽來朝，先是詔文襄王與群臣於麟趾閣議定新制，甲寅，班於天下。」（下二頁）

又獻文六王傳：「高陽王雍，遷司空，與議定律令。」世宗時（卌上頁）

彭城王勰，「議定律令。」世宗時，「勰與高陽王雍、八座、朝士有才學者五日一集，參論軌制應否之宜。而勰夙侍高祖，兼聰達博聞，凡所裁決，時彥歸仰。加以美容貌，善風儀，端嚴若神，折旋合度，出入

言笑。觀其意態。（四十上）

魏書穆羆傳：穆崇。孝文遷司州，參議律令。時高祖（廿七上）

又高閭傳：閭與侍中南平王馮誕等議定律令。（五十四上）

李韶傳：韶勅參定朝儀律令。世宗時（卅九上）

又陸希道傳：陸俟以學閱古今，參議律令。曾在世宗時（四十上）

又源懷傳：賀長子延之弟思禮，以賜名懷，參議律令。嘗在高祖時（四一上）

又高允傳：又詔允與侍郎公孫質、李虛、胡方回共定律令。世祖（四八上）

又云：太和二年……以年詔允議定律令。（四八）

魏初法嚴，朝士多見杖罰。允歷事五帝，出入三都，五十餘年，初無譴咎。初，真君中。以獄訟留滯，始令中書以經義斷諸疑事。允據律評刑，三十

錄藏內外籍者。（四上）律充又詔參議律令，事在太和十五年暨延昌三年節（四上）

魏書胡方回傳，與太子少傅游雅等改定律制。世祖時（五二上）

又李沖傳，及議禮儀律令，潤飾辭旨，刊定輕重，高祖雖自下筆，無不訪決焉。（五三上）

又游雅傳，受詔與中書侍郎胡方回等改定律制。世祖時（五四上）

又高閭傳，以參定律令之勤，賜布帛千匹、粟一千斛、牛馬各三。（五四上）高祖時

又游明根傳，又參定律令。明根以定律令之勤，賜布帛一千匹、穀一千斛。高祖時（五五上）

又劉芳傳，議定律令，芳斟酌古今，為大議之主，其中損益，多芳意也。（五五上）世宗時

芳從子懋受詔參議律令。世宗時（五五上）

魏書鄭道昭傳〔鄭羲〕：：表曰：時出宋：：往年刪定律令，謀予議筵，出

指高祖時事　謹依準前修，尋訪舊事，參定學令，事訖封呈，自爾迄今

未蒙報判，但廢學歷年，經術淹滯，請學令并制，早勑施行，使選

授有依，生徒可準。詔曰：：：新令尋班，施行無遠：：：（宋六延）

又高祐傳：以著參定律令之勤，賜帛五百匹、粟五百石、馬一匹。高祖

時（宋七延）

又薛提傳：以參議律令，賜布帛八百匹、穀八百石、馬牛各二。（宋七）

高祖時（延）

又崔鴻傳：崔光詔太師彭城王勰以下公卿朝士儒學才明者三十人

議定律令於尚書上省，鴻與光俱在其中，時論榮之。世宗時（宋七延）

光弟敬友之子

魏書袁翻傳：正始初，詔尚書門下於金墉中書外省考論律令。翻
與門下錄事常景、孫紹，廷尉監張虎，律博士侯堅固，治書侍御
史高綽，前軍將軍邢苗，奉車都尉程靈虯，羽林監王元龜，尚書
郎祖瑩、宋世景，員外郎李琰之，太樂令公孫崇等，並在議限。又
詔太師彭城王勰，司州牧高陽王雍，中書監京兆王愉，前青州
刺史劉芳，左衛將軍元麗，兼將作大匠李韶，國子祭酒鄭道昭，
廷尉少卿王顯等，入預其事。六九　6上
又孫紹傳：與常景等共修律令。延昌中，紹表曰：……又先帝時律
令並議，律尋施行，令獨不出，十餘年矣。臣以令之為體，即帝王
之身也，分處百揆之儀，安置九服之節，經緯三才之倫，包羅六

卿之議，措置風化之階，任用賞罰之要，乃是有由之樞機，世治之大本也。若律令之人，亦皆律者，依古撰置，大體可觀，比之前令，精嚴有在。但主議之家，大用古制，若令依古高祖之法，後須升降，誰敢措意有是非哉，以是爭執，久廢不理。然律令相須，不可偏用。今律雖舍此，於事皆濟，若令不頒，是無典法，臣下執事，何依而行。臣等修律，非無勤止，署下之日，臣乃無名，是臣等失，又加他官失職，功名之所，當推應悔，已以上聞。

敕：自常景傳：廷尉公孫良舉為律博士。正始初，詔尚書門下於金墉中書外省考論律令，敕景參議。

敕：書酷吏傳：高遵傳：遵與游明根、高閭、李沖入議律令，敕兼御史，時有陳

秦。以積年之勞。飼畜牛馬。時高祖以九郡

魏書序紀：穆帝八年，帝忿聰、勒之亂，志欲平之。先是國俗寬簡，民未知禁。至是明刑峻法，諸部民多以違命得罪。凡後期者，皆舉部戮之。或有室家相攜而赴死所，人問何之，答曰：當往就誅。其威嚴伏物，皆此類也。（一頁）

又太祖紀：登國六年，滅衛辰，收衛辰子弟宗黨，無少長五千餘人，盡殺之。（三頁）

又天興二年閏月，范陽人盧溥聚衆海濱……攻掠郡縣。十二月，詔材官將軍和跋討溥。三年正月戊午，和跋襲盧溥於遼西，生擒溥及其子煥，傳送京師，轘之。（二頁）

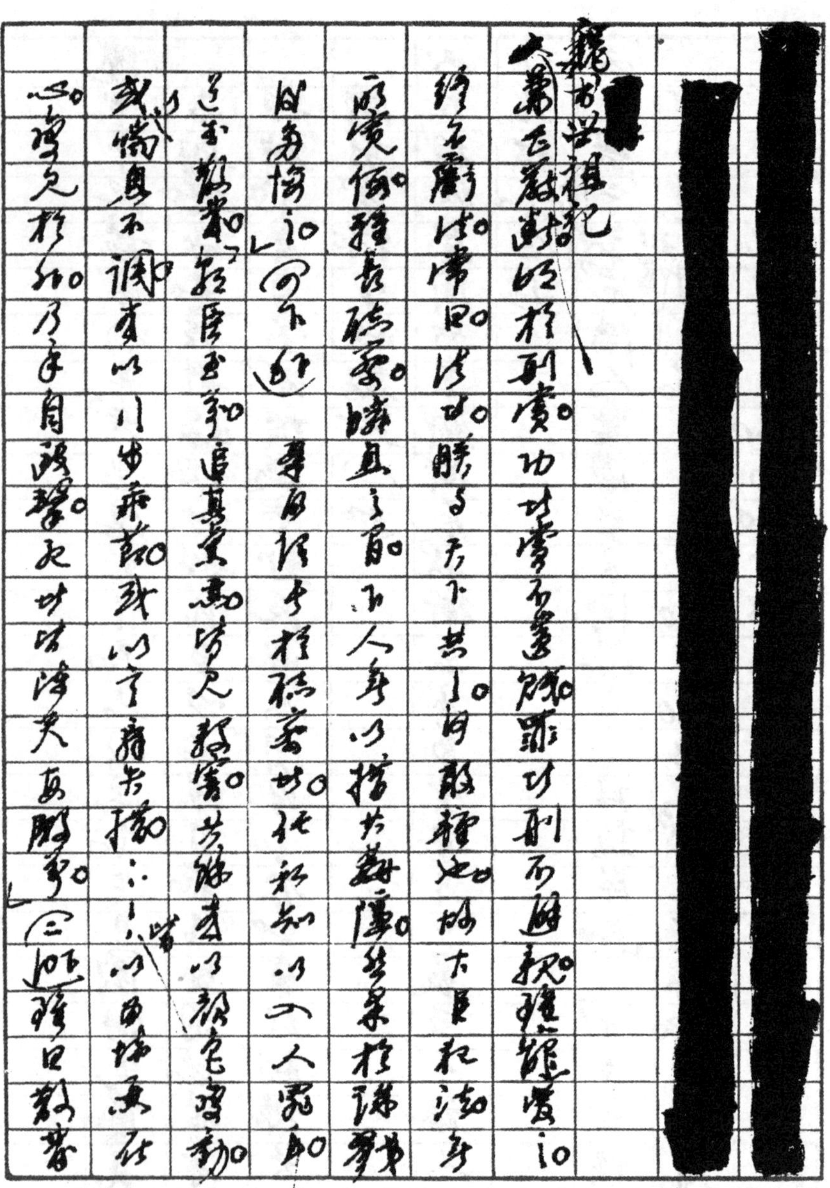

魏書世祖紀

兼甚嚴斷，明於刑賞。功者賞不遺賤，罪者刑不避親，雖寵愛之，終不虧法。常曰。法者。朕與天下共之。何敢輕也。故大臣犯法無所寬假。雅長聽察。瞬息之間。下人無以措其姦隱。然果於誅戮。後多悔之。（以下略）

[illegible]

賞心樓只成官傍勢也。太祖之淫刑可看魏書卷二十八

其劉潔傳世祖言鄰則高宗犯戮

魏書高祖紀延興四年六月乙卯，詔曰：……自今門房之誅……

自今以後，非謀反大逆、干紀外奔，罪止其身而已。（七上12下）

又十有二月，詔西征吐谷渾，[illegible]

立秦州二鎮，判斬千餘人。（七上12下）

又四年四月詔曰：……今農時要月，百姓肆力之秋，而愚民陷罪

者甚眾，宜隨輕重決遣，以赴耕耘之業。（七上6下）

又五年二月詔曰：法秀妖詐亂常，妄說符瑞，蘭臺御史張求等一

百餘人，招結奴隸，謀為大逆，有司科以族誅，誠合刑憲，且矜愍

又太祖時人多被淫殺，可看王建傳（四上），世祖殺李順（四六上）

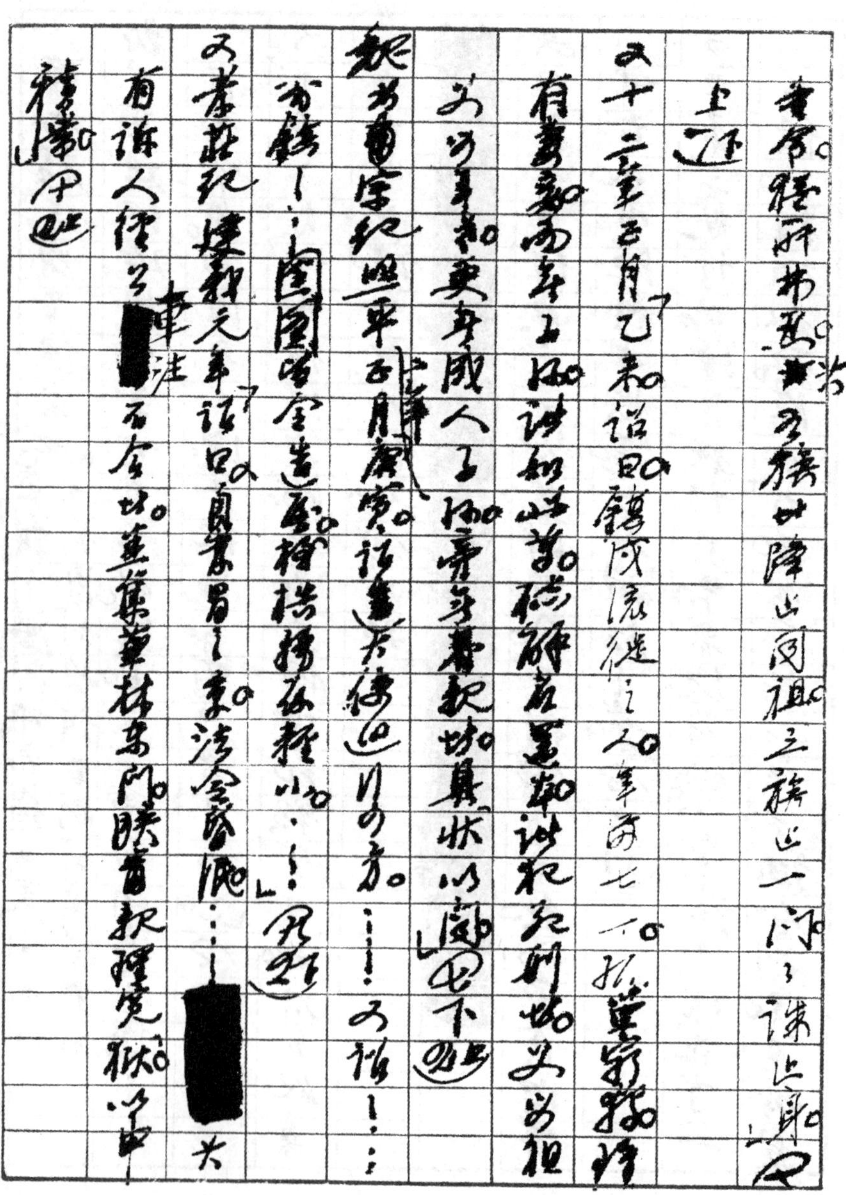

魏書出帝紀：永熙二年三月，寅宮，俗詔出梓束甲，事訖一周，亡上。葬爾朱榮，將就窆，挽車已殯事。有司不列坟，稱其人身自陳，俗著車運州，臨由緣淹歲[illegible]，仰帝省[illegible]以聞。（甲十三）

孝靜紀：……與華山王大器、元瑾密謀，於宮內為山，而作地道向北城。……大器、瑾等皆見烹於市。（甲十四）

又昭成子孫傳觚傳：昭成子觚，太祖之討中山，慕容普驎既自立，遂害觚。以國家……及平中山，發普驎柩，斬其尸，收議害觚者高霸、程同等，皆夷五族，以大刃剉殺之。（甲十五）

又道武七王傳清河王紹：其先犯禁闈者，群臣於城南都街生臠割而食之。（甲十六）

魏書景穆十二王傳任城王雲之長子澄 又以流人初至遠鎮，衣食無資，多有死者，奏在其妻子，給糧一歲。從之。（卷十九中）下

又澄奏都城府寺猶未周悉，今軍旅初寧，無宜發衆，請取諸職人及司州郡縣犯十杖已上、百鞭已下收贖之物，絹一匹，輸塼二百，以漸修造。詔從之。太傅清河王懌表奏其事，遂寢不行。（卷十九中）下

又澄又奏曰……竊聞司州牧高陽王臣雍拷殺奉朝請韓元昭、前門下録事姚敬賢……若昭等狀彰，死罪已定，應刑於都市，與衆棄之。如其疑似不分，情理未究，不宜以三清九流之官杖下便死……往年有於大市鞭殺五人，及檢贓狀，全無寸尺。今

後魏書一　刑罰志……詔以舊事付廷尉推究……詔從之（十九中）8上

魏書廿四　白澤傳（張袞傳附）　顯祖詔諸監臨之官，所監治受羊一口、酒一斛者，罪至大辟，與者以從坐論。糾告得尚書已下罪狀者，各隨所糾官輕重而授之。白澤上表諫曰……如臣愚量，請依律令舊法，稽同前典，班祿酬廉…… 大和初，懷州民伊祁苟初[illegible]三十餘人謀逆，殺刺史，文明太后欲盡誅一城之民，白澤諫止之。太后從之（四の廿上）

魏書封懿傳　其子則高閭見崔諶附崔玄伯傳（四の廿）為崔見書謀殺其子見肯刑付（卅二上）

魏書長孫肥傳　時中山太守仇儒不樂內徙（太祖平中山時）亡匿趙郡，推

封懿傳　尋常乃羅見殺子為崔見掌陪付（卅二上）及趙封常路奇（只一上）

羣盗趙準爲主。……聚黨二千餘人據關城。……遣肥……討

……何……彭仇儒。生擒準，謂以儒肉食準。付益東市。腰斬於

市。夷其族。（卅九下）

穆爲宿右侍，嘗從獵。高宗親射猛虎。右叩馬而諫。引高宗至高原。

上。以寔擒躍殺人。詔曰。右爲忠臣。輕馬切諫。免虎之害。宜有紀

罪。宥而勿坐。（卅下）

又陸真傳……爲長安鎮將。……鄜縣民王維兄弟聚一千餘人……

……聚至五千。據洛谷塢。……真……與雍州刺史劉邈討……

破……彭。……誅其黨與七百餘人。獲男女一千餘口。雍州

民夷莫不震伏。（卅八上）時高宗

魏書于烈傳：于時高祖幼沖。文明太后稱制。烈與元丕陸叡李
沖等各賜金策。許以有罪不死。　及穆泰陸叡謀反舊
勳。高祖幸代。泰等伏法。賜烈及李沖璽書述金策之意。詔在陸叡
傳。是逆也。代鄉舊族。同惡者多。唯烈一宗。無所染涉。　陸叡
見陸俟傳：賜死獄中。聽免孥戮。徙其妻子為遼西郡民。詔僕射
李沖領軍于烈曰。……叡之愆失。處入門誅。……違禮在彼。不
負朕也。反心逆意。既暴錄祀。雖荊於知。未知之何。然積德先記。
悳以來。頗異議。聽自死別府。免厥孥戮。其門子孫。承世不虧。元
在二子一籍首為賊端。……以違坐應死。特恕為民。朕本期有
終。而彼自棄。陷等之間。忽及今日。違心乖念。一何可悲。故此別

而想無路徑也。謀反之跡。曉如白日耶。（何平比）

魏書崔浩傳。真君十一年六月。誅浩。清河崔氏無遠近。范陽盧氏。太原郭氏。河東柳氏。皆浩之姻親。盡夷其族。……及浩幽執。置之檻內。送於城南。使衛士數十人溲其上。呼聲嗷嗷。聞於行路。自宰司之被戮辱。未有若浩者。……（四至卅）

魏書源賀傳。是時高宗初纂統。多濫。賀上書曰。案律。謀反之家。其子孫雖養他族。追還就戮。……其爲劫賊應誅者。兄弟子姪在遠。道隔關津。皆不知情。籍推先朝制律之意。以不同謀非絕類之罪。故特垂不死之詔。若年十三已下。家人首惡。計謀所不及。愚以爲可原其命。沒入縣官。高宗納之。（賀上書曰……臣愚以爲）

自非大逆赤手殺人之罪，其坐贓及盜與過誤之愆應入死者，皆可原命，謫守邊境……高宗納之。已後入死者，皆恕死徙邊。久之，高宗謂群臣曰：昔源賀勸朕宥諸死刑，徙充北番諸戍，自爾至今，一歲所活殊為不少，生濟之理既多，邊戍之兵有益。可作

長子兵，兵不思稱，以飭名條……熙平二年……時有詔以奸吏犯罪，每多逃遁，因眚乃出，並皆釋然。自今已後，犯罪不問輕重，而藏竄者悉遠流。若永避不出，兄弟代徙。懷乃奏曰……謹按條制，逃在赦前，尚蒙旌宥。況有未發，而仍遣戍，[illegible]身（藏竄之類此）言事：守宰犯罪，逃走者眾，祿潤既優，尚有茲失，及蒙恩宥，卒久執以還，今獨苦此等，恐非均一之法……尚書奏，門下以成式既

輕。駭奏下詔。懷帝泰只。……修于諸律。勤品已下。罪發逃亡。
因不實。仍流妻子。姦財抑塞好塗。遐由通式。謹按事條。條有收
治。書據流役。蓋九品已上人。皆負自如。失誠守宰。殘任清流。
每有公論事發。逃竄而還。因免職。勤品已下。橫罹刑僻。如此。則
寬縱上流。法切下吏。有物有善。罔罰不兼。不謀遠屆天。懼罔有
免矣。犯徽繩。得不救赦。……寧違古典。以乖今律。……若秦世
宗綱之。（四之二頁）
親於寬雜李訴傳授魏氏之有天下。百餘年中。任刑為治。黠躁之
民。使其東滅寬雜李訴。為據既義。時日良幹。謹以序言。檢[illegible]
所以風教陵遲。而姦合內之事進矣。……（四六頁）　梁與光祖。

瑾女婿蕭林子用爲孫隨，以送高臨淮公和。瑾蕭孫隨藉下，有

謝諺説題之言。子孫隨同謀，瑾有四子，書校，依並爲中書學生。

子孫同時伏誅，惟少子遂逃匿得免。（但）李彤似謝正士書

親之隱，刑有以通之，遂於自免之途也。（語曰罪事參看閲……趙王元的延）

親

魏書盧玄傳子度世，世之以崔浩事逃於高陽鄭羆家，羆知足告之。

羆遣之，使者囚羆長子，將加捶楚。羆戒之曰：君子殺身以成仁。

汝雖死勿言。子奉父命，遂被拷掠，乃至火爇其體，因以物故，卒

無所言。度世後令弟娶羆妹以報其恩。（同上）

又魏書久傳：時世祖恩詔，勅久爲治，自請已下，傳吏已上，百二十八

人，皆其四嫌，久持將不爭，顯諸權貴，切久之更不見，並皆爲治之。

引籙。允曰：浩之所坐，若更有餘釁，非臣敢知。直以犯觸，罪不至死。世祖怒，命介士執允。恭宗拜請。世祖曰：無此人，忿朕當有數千口死矣。浩竟族滅，餘皆身死。（四八之二）

魏書崔挺傳：時以犯罪配邊者多有逃越，遂立重制，一人犯罪[illegible]逋亡，合門充役。挺上書。……辭甚雅切，高祖納之。（五七之三）

又蕭寶夤傳：寶夤有三子，皆公主所生。南陽王……少子凱……凱妻，長孫稚女也。輕薄無禮，公主數加罵辱。凱稍銜恨，[illegible]懷賊說之。天平中，凱遂遣奴害公主，乃轘凱於東市，妻梟首。（五九之八下）

又韓顯宗傳：顯宗又上言曰：……今州郡牧守，邀當時之名，行一切之法。臺閣百官，亦咸以深酷為無私，以仁恕為容盜，迭相

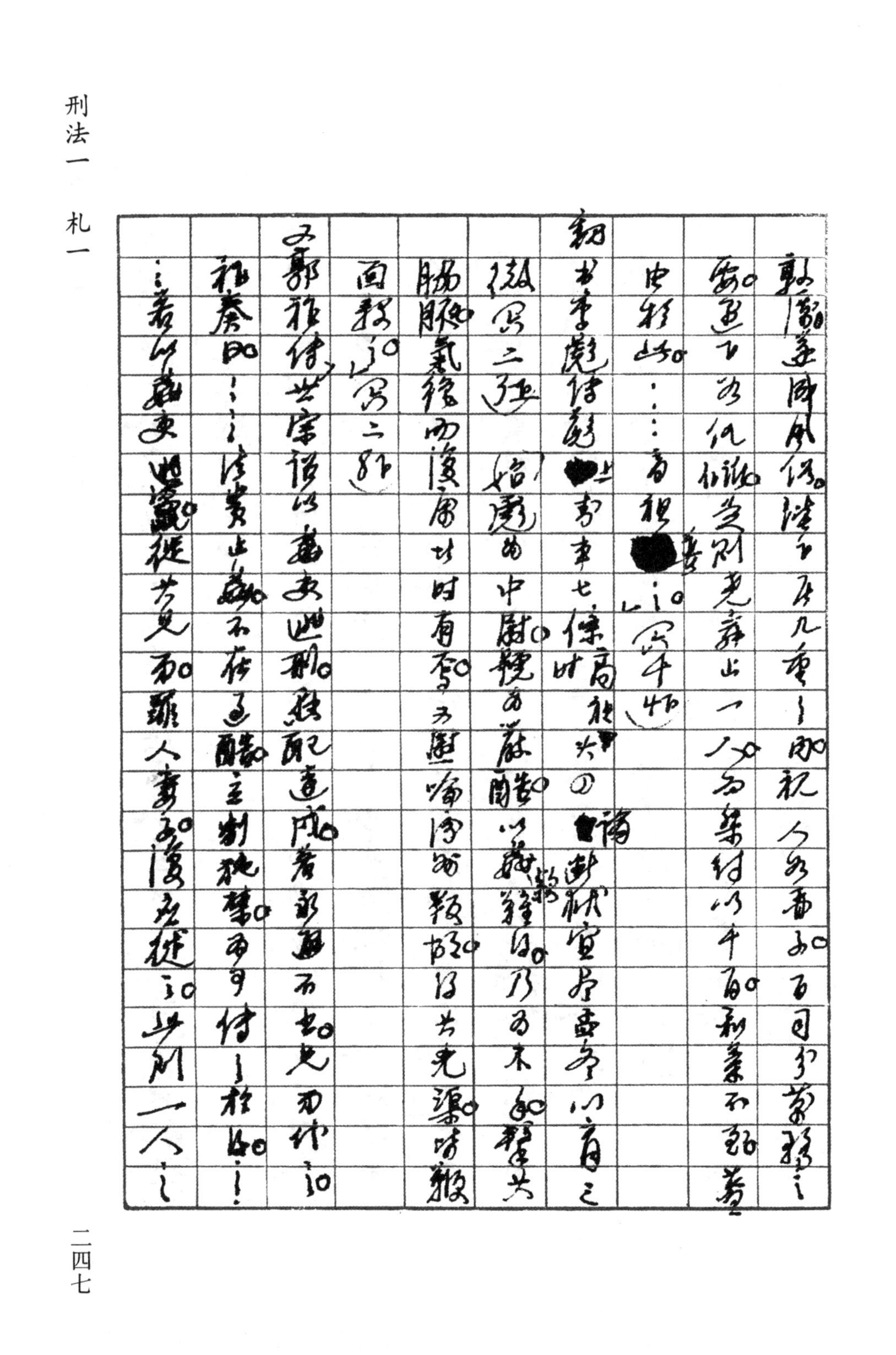

邪禍傾二宮。虞謂邪人沈滌上從事之功。不稱名而配於

肯爲之。魏諸遷自塞。始後。江（見六の上）

魏書法秀傳、、、降、、、康爲刺史、、、爲國造佛寺，名曰興皇。

沙門有邪者，必隨其輕重，誦而土木之功。興僧殺牲之邪。時時常

以主寶居其左，所尚和之，亦許之。僧祇粟爲學。亦望尚和。下亦不

所謂如無僧，寄籍其宗，持其擅立列比，等作名抽，累以爲謂之道直。日書山。

以萬計，與肥膠相甚。或與摩所觀覽，無別於豪族，豪族所不辜

法。求其名也。鄭牙所以史代遂深，禮得滕教年。（見六の卅）

魏書邢巒傳寄叔祖祐、祐子虬，時靡間又有畢母妨，入在秦療

、而藏其室，留其二子。虬敗（秦房），盡致其物、而無誅。今謂遂

时刘及程颂议害狱，时今不及知践逢(?)其狱(?)，余数之不启，而使礼祀不復(?)，遗背所修，非所以劝其恭之道。有三纲之义，若耻(?)残令害，不加坚察，使父子罪不相及，至此於其和，不（同）则宜极之。の畜(?)，使府在不聽，既已，廉庚言無令之易，種於斜(?)道，详(?)于五月食。寡犹，皆(?)别(?)纵其彰也。奏入，世宗从之。（同上）

魏书甄琛传：及监决修鞭，犹相隐恻，然告人曰：赵修小人，背如土牛，殊耐鞭杖。（同上）

魏书高道穆（高崇传：崇子谦之，谦之弟恭之，字道穆，以字行於世）……御史中尉，启(?)中真……上疏曰：……时庄帝……高祖大和之初，置廷尉司直，论刑辟是非。事非古始(?)，……时要……之精(?)，又御史出使，悉受风旨，……付(?)獲罪……

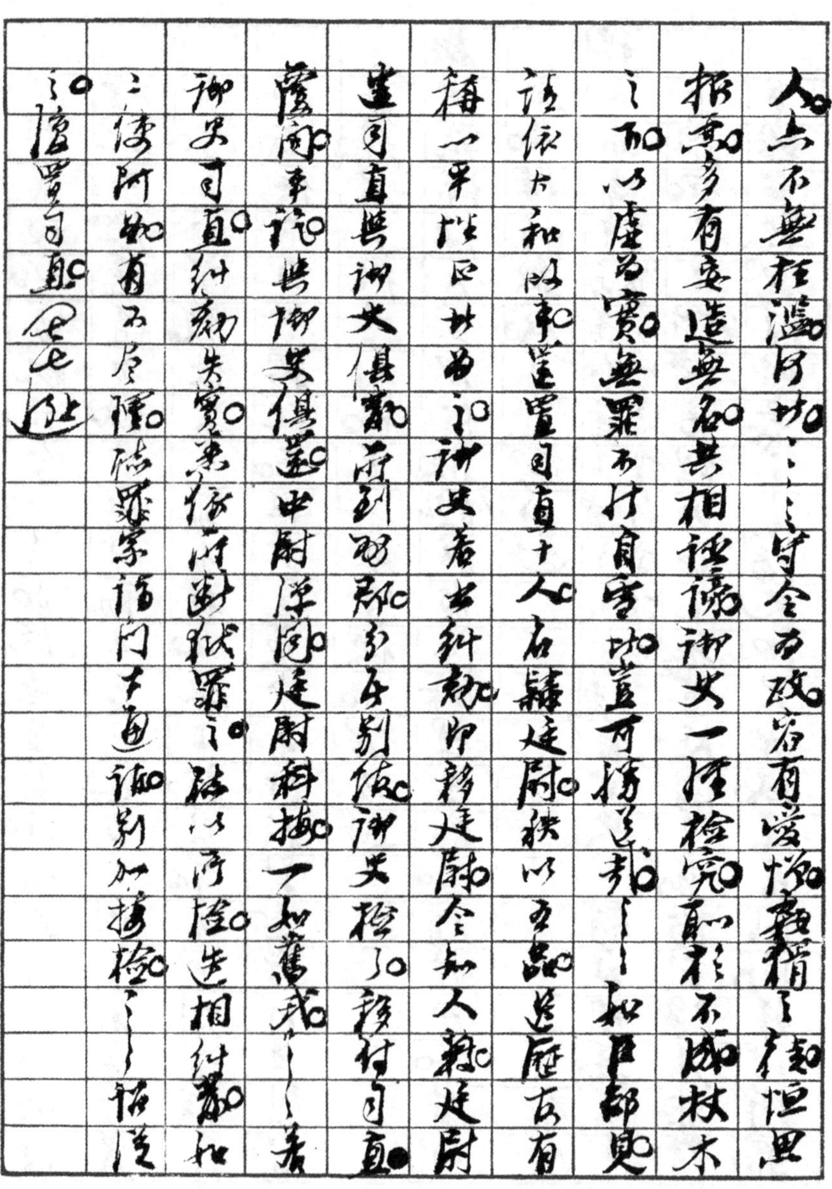
人。亦不無枉濫。何也。……守令爲政。容有愛憎。姦猾之徒。恒思
報惡。多有妄造無名。共相誣謗。御史一經檢究。恥於不成。杖木
之加。以虛爲實。無罪不能自雪者。豈可勝道。……和邢郎吏。
請依太和以前。更置司直十人。名隸廷尉。秩以五品。選歷官有
稱、心平性正者爲之。御史若出糾劾。即移廷尉。令知人數。廷尉
遣司直與御史俱發。所到州郡。分居別館。御史檢了。移付司直。
覆問。事訖與御史俱還。中尉彈聞。廷尉科按。一如舊式。……若
御史司直。糾劾失實。悉依所斷獄罪罪之。聽以所檢。先送相糾。如
二使阿曲。有不盡理。聽訴冤之家。詣闕上訴。別加按檢。……詔從
之。廣置司直。[illegible]

敕：曹國付長林縣代人也。母因飲酒，失火，喜所以誤以杖擊，

傷叩致死。喜為孫，因執處以重典。慮判辭為……乞以不伏

……高祖詔特免其死，以從遠處。六止

敕：丹蘇（長安）縣付見事，與其事兩關官。八止

敕：丹閣方付宗愛，以罪為閣人。九止　高宗立，詔發周小黃門愛使救

由方（王余）等，皆具不死，弟三族。死止　王琚，琚以春常被刑（釋）

護霸之親，慕容要廣郡令，大祖初，建將斷地，西僕門戮，年功大

執，因被官籍。（毀）　趙燕初為海，本係所隸戶……海生而係所

犯，係入為閣人，問改名為宦。（延）　孫小兒，獻犯，別為宦，護軍為

赫連屈丐所俘……見獄，小係入宮，執全熱，卒後前，蓋從卒職

人(注)　平季父雅州秀才与沙門法秀謀反伏誅季坐腐刑(注)
封津父令儒與覺寶如寶伏誅令儒以連坐伏法津受刑(注)
劉思逸父真為邑太守。與元愉反於信都。伏誅。思逸少充腐
刑(注)
魏書靳時石勒伐靳至平陽。靳明出與勒戰勒大破之。遣左長
史王修主簿劉茂獻捷於曜。曜〻王修舍人曹平樂留仕曜。
言於曜曰。大司馬遣修等來。外表至虔。內覘強弱。俟修寶將襲
修還之。大怒。追還斬修。而斬王修。劉茂逃歸。言修死狀。勒大怒。
誅曹平樂。夷其三族。(見上注)
*吐谷渾傳其刑罰。殺人及盜馬者死。餘則徵物以贖罪。亦量事

決杖。刑人必以髡鬄頸，射石後爲誓。（百一卄）

魏書西域傳，烏萇國——婆羅門胡，爲其上族。婆羅門多解天文吉凶之數，其王動則訪決焉。——事佛——人有爭訴，服之以藥，曲者發狂，直者無恙。爲法不殺，犯死罪惟徙於靈山。（百二卄）

又釋老志：先是立監福曹，又改爲昭玄，備有官屬，以斷僧務。——世宗即位，永平元年秋，詔曰：緇素既殊，法律亦異。故道教彰於互顯，禁勸亦有所宜。自今已後，眾僧犯殺人已上罪者，仍依俗斷，餘犯悉付昭玄，以內律僧制治。（百十四卄）

北齊書武成紀：河清三年三月辛酉，以律令頒下，大赦。（七卄）

又趙郡王琛傳：子叡，孝昭臨崩，預受顧託，奉迎世祖於鄴，以功拜

尚書令。別封淳陽郡公。監太史、太子太傅。議律令。（四十三上）
封隆之子子繪。隆之、、大寧二年。遷都官尚書。高阿那肱還、、、馳
待詔策。、、、輔軍。仍勑子繪門外事。諸徵罷。勑與群官議定律
令。（四十上）

李渾侍郎定麟趾格。（卅九上）
又崔暹侍主議麟趾格。（卅上）
又崔昂
又[illegible]侍齋受禪、、、其年。為太子少師，那部議定國初禮、、
、、又詔刪定律令。損益禮樂。令尚書右僕射薛琡等四十三人
在領軍府議定。又勑昂云。若諸人不相遵納，所可依事啟聞。
帝勑笑曰。正合生平之願。昂素勤慎。奉勑之後。亦自勞勤。部分

科條校正今古，所增損十有七八。……除為顯祖所知賞。……
議曹律令。多識故事。及朝廷大事多委訪之。（卅廿上）
北齊書王松年傳。參定律令時。出成（卅五上）
又魏收傳天保……八年。除太子少傅。監國史。復參議律令。（卅
七廿上）
又辛術傳術與朝賢議定律令時子宣（卅八上）
又封述傳天平中。增損舊事。為麟趾新格。其名法科條。皆述刪定。
（四三下）河清三年。勅與錄尚書趙彥深。僕射魏收。尚書陽休
之。國子祭酒馬敬德等議定律令。（四三）
又儒林傳李鉉。天保初。詔鉉與殿中尚書邢邵。中書令魏收等參

魏律令之始　目錄　條制」」」又參魏律令之始

魏書肅宗紀熙平六年三月丁丑，斬妖賊鄭子饒於都市以徇

又以重后穆氏傳：姓名輕儒。左穆子倫擇也。拜入侍中宗欽道

家。軒形而生，后莫知民族，或云后即欽道女子也。……欽道

婦姻。雖輕賤而由宗室。（九）

又高隆之傳：隆之弟子孝琬」」而孝琰與崔季舒等以正諫同

死。子至府川孝聞及雅孝靜等二人徙北邊。少子孝嚴、孝騫下

蠶室。（四九）

又薛琡傳：正光中，行洛陽令。部內肅然。有犯法者，未加拷掠，直以

辭理窮覈，多得其情。於是豪猾畏威，事務簡靜，時以為能。象師

見陶。並見集華林。程閲覽。淵潛穆狀。獲有三人。觀李明嘉。

附續之傳（卅八上）

北齊書孝子樂僧書至八年。以為西河刺史。被誣伺為計詢。

隱。子不俱被擯。送學。業教授。以蕭菲安史。一一初子參

見西十三人。子授叔家。園門百口。逐在西數。以子藥滿減不行

元雜務子說騰。楊國建所。推寸西遂諸二人而已。一一（卅七下）

又崔季舒傳。文宣時。百官馬子多所劃。季舒及暹。暹崔多難二十。徒

北齊武成時。一一以諂廣寧王宅。陝馬難數。佞主幸通

當陽季舒與從弟友述名達語。以時稱職。其事史百錄。

齊所屬尋即右之署。裁有人集合手歷。以季舒與陳劉逖事孝

琰、裴澤、郭遵等為首，並斬之殿庭。長鸞令棄其屍於漳水。自外同署，將加鞭撻，趙彥深執諫獲免。季舒等家屬男女徙北邊，妻女子婦配奚官，小男下蠶室，沒入貲財。卅九下

北齊書暴顯傳：[illegible]律生擒子饒，饒鄰子[illegible]宗仍烹之。同二卅上

又盧潛傳：會清河王岳將救江陵，特赦潛以為岳行臺郎。●……黃門郎[illegible]子默奏言潛從清河王南討，清河王令潛說梁將侯瑱，大納瑱賂，還，不奏聞。顯祖杖潛一百，仍截其鬚。同二卅上

又循吏傳崔伯謙……除濟北太守。……乃改鞭用熟皮為之，不忍見血，示恥而已。同六卅上

事類衛宮違制。十七史商榷賈充等增改舊律。因事類為衛宮違制。案事類即蕭何所益事律。陽嘉故事。大將軍梁冀誅。胡廣與司徒韓演等坐不衛宮。減死一等。奪爵土為庶人。東萊王等亦當坐此。

縣首高橛。靳準誅劉氏將為素与王沈收氏兄弟長十餘人家聞之，皆縣首高橛。通鑑注：橛以木為之。周禮牛人職祀共其牛牲之互。鄭玄曰：互若今屠家之縣肉格。左思吳都賦曰：峭格周施。注向曰：格，所以繩木也。（九十二下）晉元帝建武元年

支解節解。支解者解其四支。節解者凡骨節一一解之也。通鑑晉穆帝永和四年注（九八下）

三斬。三斬者斬其足斬其要斬其頸也。通鑑晉孝武帝太元十二年，後秦姚方成三斬秦雍州刺史徐嵩。注(一〇七五)

剸。剸其首使橫地以剸之。通鑑宋文帝元嘉三年胡注

門誅。門誅者闔門盡誅之。通鑑宋文帝元嘉二十一年胡注

候官。通鑑宋孝武帝大明二年正月丙午朔，魏設酒禁，釀酤飲者皆斬之。吉凶之會，聽開禁，有程日。魏主以士民多因酒致鬭及議國政，故禁之。增置內外候官，伺察諸曹及州鎮，或微服雜亂於府寺間，以求百官過失，有司窮治，訊掠取服……注：魏自道武帝以來有候官，今增其員胡注

齊高帝建元元年……諸州候官千數，重罪受賕不列，輕罪吹毛發舉，宜悉罷之……

更置謹直者數百人，使防邏街衢，執喧鬬者而已。自是吏民始以安業。通鑑注

作徒。通鑑宋孝武帝大明三年注：作徒，從坐罪居作者。通鑑注

門房之誅。門誅者，誅其一門；房誅者，誅其一房。時以北方大族如崔盧李子孫多派，各自為房。通鑑注

鍼與鉗同。其儀[illegible]。通鑑宋順帝昇明元年[illegible]：鍼椎鑿鋸，不離左右。注。通鑑注

上湯殺囚。通鑑齊高帝建元二年十一月戊子，[illegible]長陽里王修度上言：郡縣獄相承，有上湯殺囚，名為救疾，實行冤暴……西一語病囚，必先刺郡，求職司與醫對共診驗，遠縣家人省視，然後如治。上從之。注：囚因有時行瘟疫，宜汗，遂上湯以殺之，[illegible]

州郡史取諸郡之[illegible]者以病困之擇其[illegible]自之於所以[illegible]

數諸條數百條遂廢也（[illegible]）

新贓○通鑑唐憲宗元和二年九月敕諸道權以十月為始事判

受之舊律枉法十五匹新贓二十匹罪死於是新贓一匹枉法無

多少皆死注枉法謂受賕枉法而出入人罪者新贓謂人私情

作[illegible]謂非它贓而計所受新贓（胡注）

經凡言以論其罪同真犯通鑑唐[illegible]三年陸[illegible]（胡注）

散劃○不加搒掠之通鑑唐德宗[illegible]元年注（胡注）

格殺○格擊也通鑑唐東宮侍郎元元年注（胡注）

大辟○通鑑唐和帝中興元年東宮[illegible]……格苑中立西使官人

官吏共為稗販以備男妃為市令東宮僕自為市錄事小吏得

・先杖則用杖乃敕虎賁不得進大荊實中獲●違大荊牡荊也似

誤之曰荊以為笙杖荻之實中者以笙人則受而痛楚虛中者

善疑頗味

嘗作○嘗其家屬而罰作之通鑑梁天監十年注頗略

五任味械○通鑑梁武帝大同十一年上敦尚文雅疏簡刑法自

公卿大臣咸不以鞫獄為意姦吏招權弄法貨賄成市枉濫者

多大率二歲刑已上歲至五千人徒居作者具五任其無任者

著斗械若疾病權解之是因循有優復陛任謂其人巧力

所任也五任謂任攻木者則役之攻木任攻金者則役之攻金

任攻皮材別役之攻皮任設色材別役之設色任搏埴材別役

之搏埴魏武帝定甲子科犯鈦左右趾者易以木械是時乏鐵

故易以木焉（經九44）

之國區曾作口梁武帝中大通元年詔通用足陌錢若婦人犯男子

謫遣女子隨作並同三年生謫遣女以謫荒之謫遣隨作隨其

身使居作皆役之三年此古所謂三歲刑也（經九64）

配甲坊百甲坊遣甲之所（梁元帝承聖三年）通鑑注（經五68）配甲坊徒刑也陳高武帝

永定元年生（經八上）

齊刑實十八等。死四等流一刑五等鞭五等杖三等通十八等

今日凡十五等通鑑依五代志大凡為十五等之文也陳文帝天嘉五

年注（北九14）

准以論。律云：准枉法者，但准其罪；以枉法論，並即同真法。於史節[illegible]

劉子翊傳寫迄

「贖銅一斤為負，負十為殿。」通鑑陳宣帝大建十三年。隋紀注

司馬氏殺戮之甚

晉書宣帝紀景初二年平公孫淵男子十五已上七千餘人皆殺之。以為京觀。偽公卿已下皆伏誅。戮其將軍畢盛等二千餘人。

二五下

又嘉平三年王淩仰鴆而死。收其餘黨皆夷三族。并殺楚王彪。

錄魏諸王公置于鄴。命有司監察。不得交關。二八上

又及平公孫文懿大行殺戮。誅曹爽之際。支黨皆夷及三族。男女無少長。姑姊妹女子之適人者皆殺之。

又景帝紀正元元年二月。天子與中書令李豐后父光祿大夫張緝。黃門監蘇鑠。永寧署令樂敦。冗從僕射劉賢等謀。以太

常夏侯代帝輔政。帝密知之。使舍人王羨以車迎豐。豐……至。

……遣勇士以刀鐶築殺之。遂收玄、緝等。皆夷三族。(二下)

又文帝紀甘露三年斬誕。諸葛誕夷三族(二上)

又景元元年夷濟成倅三族(二師)

又石苞傳崇敗兄妻子無少長皆被害。死者十五人。(卅三上)

又杜預傳初攻江陵。吳人知預病癭。憚其智計。以瓠繫狗頸示之。

每大樹似癭。輒斫使白。題曰杜預頸。及城平。盡捕殺之。(卅四下)

又荀勖傳高貴鄉公欲為變時。大將軍掾孫佑等守閶闔門。帝(弟帝文)

安陽侯幹聞難欲入。佑謂幹曰。未有入者。可從東掖門。及幹至。

帝遲之。幹以狀白。帝欲族誅佑。勖諫曰。……今成倅刑止其身。

佐以勝誅。悉戮其私黨。乃免佑為庶人。（卅九上）

晉書楊駿傳。駿逃於馬廄。以戟殺之。觀等受賈后密旨。誅駿親黨。皆夷三族。死者數千人。（四十七上）

閻纘傳。因皇太孫立。上備嚴刑於禍。俟

晉書潘岳傳……秀遂誣岳及石崇歐陽建謀奉淮南王允齊王冏為亂。誅之。夷三族。……岳母及兄侍御史釋。弟燕令豹。司徒掾據。據之弟詵。兄弟之子。已出之女。無長幼一時被害。惟釋子伯武逃難得免。而豹女與其母相抱號呼不可解。會詔原之。（五十五下）

又武帝紀。泰始八年六月。益州牙門張弘誣其刺史皇甫晏反。殺之。傳首京師。弘坐伏誅。夷三族。（三上）

晉書惠帝紀：永平元年三月辛卯，誅太傅楊駿、駿弟衛將軍珧、太子太保濟、中護軍張劭、散騎常侍段廣、楊邈、左將軍劉預、河南尹李斌、中書令蔣俊、東夷校尉文鴦、尚書武茂，皆夷三族。（四下）

又永寧元年：東萊王蕤、左衛將軍王輿謀廢齊王冏。事泄，蕤廢為庶人，輿伏誅，夷三族。（五上）

又晉懷帝紀：永嘉元年春正月癸丑朔，大赦，改元。除三族刑。（五下）

又晉愍帝紀：建興三年六月，盜發漢霸、杜二陵及薄太后陵。[illegible]……敕雍州掩骼埋胔，修復陵墓，有犯者誅及三族。（六上）

又明帝紀：太寧三年春二月戊辰，復三族刑，惟不及婦人。（八下）

又何曾傳：毋丘儉誅，子甸妻荀應坐死。其族兄顗、族父虞，並景帝姻通。共表魏帝。以匄其命。詔聽離婚。荀所生女芝。為潁川太守劉子元妻。亦坐死。以懷妊繫獄。荀辭詣曾乞恩。……乞沒為官婢。以贖芝命。曾哀之。程咸上議。朝廷會以為常。遂改法。語在刑法志。以下節

晉書[illegible]衛瓘傳：賈后……啟帝作手詔。使瑋免瓘等官。……瑋……與子恒、嶽、裔及孫等九人同被害。……恒二子璪、玠時在醫家得免。……初瓘為司空時。帳下督榮晦有罪。瓘斥遣之。及瑋作亂。晦隨兵討瓘。故子孫皆及於禍。楚王瑋之伏誅也。瓘女與國臣書。……於是主簿劉繇等執黃旛撾登聞鼓上言曰。……如舊詔之名。謹條見之罪。陳以聞。即昭詔。遣出本名。擿戮宰輔。不復

表上。稱收公子孫。擷諸門刺。欲害大臣公子九人。……權等在
目共時。帳下給使蕭略等陰知權家人數。必知名字。晦夜
持綸右軍。共夜臨孫門外。擒穆古呼。宣詔免公等第。及至門。臨
前到中門。後讀所稱偽詔。手取公手。緩解縛。催公出第。臨摘頭
錄權家口及共子孫。諸無依附者。著東亭寺。封閉守。下付之官。
使諸枉害公子孫。實由於臨。及將人無過府庫。首臨所為。考
臨一人。京兆諸忠。乞驗原情偽。加以搒詳。皆從之。
晉書諸葛傳。遂害之於爺。自送畜。東三族。
人。楊駿傳。弟珧初聘后。珧表曰。歷觀古今。一族二后。未嘗以全。而
受覆宗之禍。乞以表事藏之宗廟。若如臣之言。得以免禍。從之。

……珧臨刑稱寃，云事在石函，可問張華。當時皆謂宜為申理，合依鍾毓事例，而賈氏族黨待諸楊如讎，促行刑者遂斬之。時人莫不嗟歎。（四十上）

陳敏夷三族。見晉書周處傳（五八）

趙王倫傳：矯詔勅三部司馬曰：……今使車騎倫入廢中宮。汝曹皆當從命，賜爵關中侯。不從，誅三族。（五九上）

孫秀勸倫殺張林，誅三族。（五九上）

齊王冏傳：乂擒冏至殿前，帝惻然，欲活之。乂叱左右促牽出，冏猶再顧，遂斬於閶闔門外，徇首六軍。諸黨屬皆夷三族。（五九上）

成都王穎傳：穎收機斬之，夷其三族。陸機（五九上）

晉書東海王越傳。及懷帝即位。委政於越。吏部郎周穆。清河王覃舅。越之姑子也。與其妹夫諸葛玫共說越曰。主上之為太弟。張方之意也。清河王本太子。為群凶所廢。先帝暴崩。多疑東宮。公盍思伊霍之舉。以寧社稷乎。言未卒。越曰。此豈宜言邪。遂叱左右斬之。以玫穆世家。罪止其身。因此表除三族之法。[illegible]九16上

又解系傳。系弟結及系被害。結亦同戮。女適裴氏。明日當嫁。而禍起。裴氏欲認活之。女曰。家既若此。我何活為。亦坐死。朝廷遂議革舊制。女不從坐。由結女始也。

又孫旂傳。子弼。及弟子髦。輔。琰。……與孫秀合族。及趙王倫起事……旂以弼等受任於倫。遣小息回責讓弼等。……及齊王冏

起新。○下詔切誅。襄陽太守宗岱承間擊彭旅。夷三族。(卷十二)

又西魏傳：為偏將。及帝西巡，惠鏡治令空桐，擊斬魏首，傳於洛陽。

遂夷三族。(卷五十)

又溫嶠傳：是時天下凋弊，國用不足，詔公卿以下詣都坐論時政之所先。嶠因奏軍國要務……其七曰：罪不相及，古之制也。近世大逆，誅由古典。……之旨。一時權用，今遂施行，非聖朝之令典。宜如先朝除三族之制。議奏，多納之。時明帝(卷六七)

又王敦傳：敦又忌周札，殺之而盡滅其族。(卷九八)寮屬下詔曰：

……周札周莚，事無忠義，殘害忠良。孫惠大宗，秦人之墳，剛不過之。敦之誅戮，傍濫無辜，滅人之族，莫知其罪。(卷九八)有司議曰。

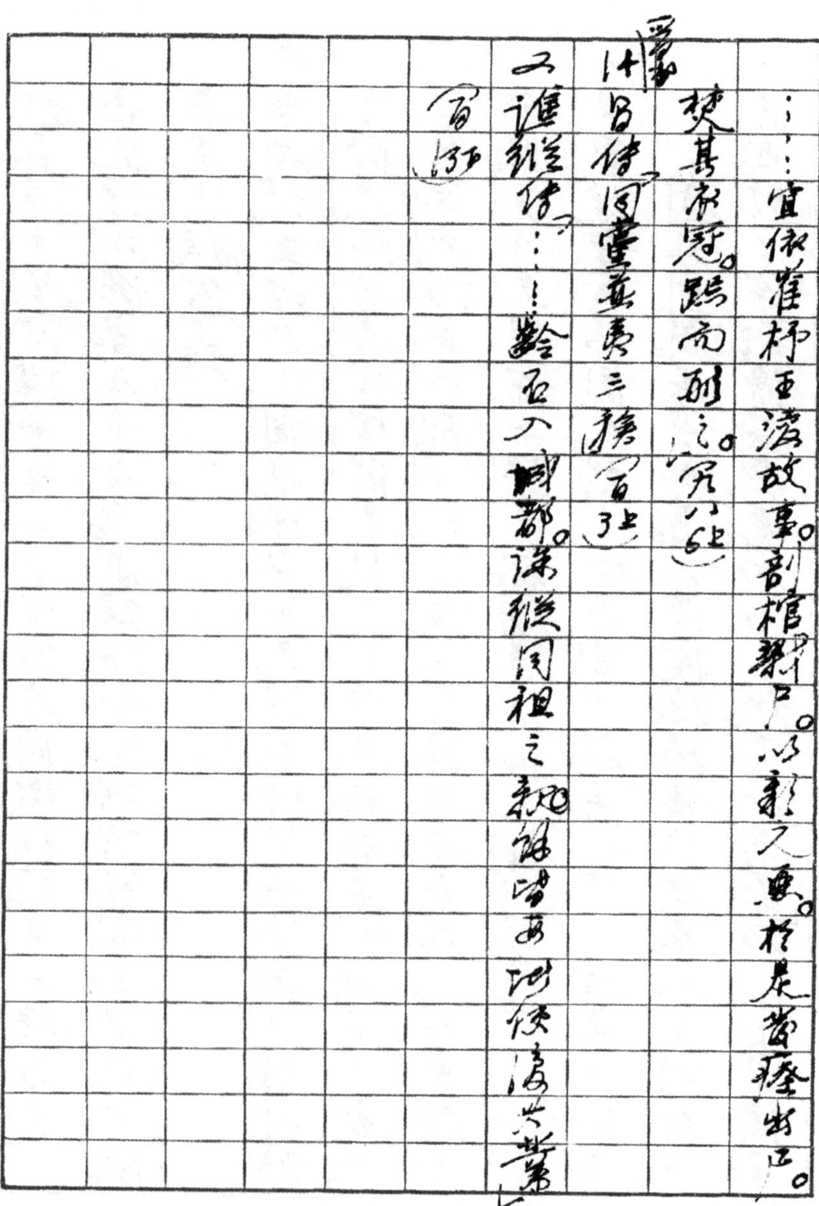

晉書景帝紀正元元年，乃與羣公卿士共奏太后[塗]曰……清商令令狐景諫帝，帝
燒鐵炙之。（二21上）

又武帝紀泰始三年，立皇子衷為皇太子。詔曰……又近世每建
太子，寬宥施惠之事，間不獲已，順從王公卿士之議耳。方今世
運垂平，將陳之以德義，示之以好惡，使百姓蠲多幸之慮，篤終始
之行，曲惠小仁，故無取焉。咸使知聞。（三7下）

又四年春正月……丙戌，律令成，封爵賜帛各有差。（三8上）

又[塗]　　　　鄭沖傳

時文帝輔政，平蜀之後，命賈充、羊祜等分定禮儀、律令，皆先諮

於沖，然後施行。（卅三上）

晉書羊祜傳：祜伯父秘之孫亮，初爲大傅楊駿參軍。時京兆多盜竊，駿欲更重其法，盜百錢加大辟，請官屬會議。亮曰：……駿歎而止。（卅四上）

又裴楷傳：賈充改定律令，以楷爲定科郎。事畢，詔楷於御前執讀，平議當否。

又賈充傳：充雅長法理，有平反之稱。（四十上）……帝又命充定法律。……充所定新律既班於天下，百姓便之。詔曰：漢氏以來，法令嚴峻。故自元成之世，及建安嘉平之間，咸欲辯章舊典，刪革刑書。述作體大，歷年無成。先帝愍元元之命，陷於密網，親發德音。

釐正名實。車騎將軍賈充。獎明聖意。諮詢善道。太傅鄭沖。又與司徒荀顗。中書監荀勖。中軍將軍羊祜。中護軍王業。及廷尉杜友。守河南尹杜預。散騎侍郎（當作常）裴楷。潁川太守周雄。齊相郭頎。騎都尉成公綏。尚書郎柳軌等。典正其事。……（刑志）

晉書高光傳。太尉柔之子也。光少習家業。明練刑理。……武帝置黃沙獄。以典詔囚。以光歷世明法。用為黃沙御史。秩與中丞同。遷廷尉。元康中。拜尚書。典三公曹。……素重國法。以光為廷尉。……于時朝廷咸推光明於用法。故頻典理官。（同上）

羊聃枉殺二百餘人有司以景獻后是其祖姑應八議成帝詔曰此事古今所未有八議之有帝以琅邪太妃山氏請原大

生命　晉書[?]　傳（[?]）

周嵩出新安太守。不悅。臨發。與散騎[?]戴邈坐。褒貶朝士。又詆毀邈。邈密表之。收付廷尉。廷尉華恒以嵩大不敬論當棄市。以顗故。減罪除名。時顗方貴重。帝隱忍久之。補廬陵太守。（六九）

晉書周[?]書。實以勸元帝[?]即尊號。

周顗傳：帝讌群公於西堂。酒酣。從容曰。今日名臣共集。何如堯舜時邪。顗因醉厲聲曰。今雖同人主。何得復比聖世。帝大怒而起。手詔付廷尉。將加戮。數日方赦之。（六九）

晉書桓沖傳：初溫執權。大辟之罪。皆自己決。沖既莅事。上疏以為生殺之重。古今所慎。凡諸死罪。先須上報。（七四）

晉書王廙傳和彬：子彪之，時當南郊。簡文帝為撫軍，執政。訪彪之。應有赦不。彪之曰。中興以來。郊祀往往有赦。愚常謂非宜。何者。黎庶不達其意。將謂郊祀必赦。至此時。凶愚之輩。復生心於僥倖矣。遂從之。

又顧和傳：時東中郎將謝尚領宣城內史。收涇令陳幹殺之。有司以尚違法糾黜，詔原之。和……奏……幹事狀自郡。非犯軍戮。不宜輕赦。見三頁

又桓玄傳議復肉刑……見九頁

又石勒載記：勒下書曰。今大亂之後，律令滋煩。其采集律令之要。為施行條制。於是命法曹令史貫志造辛亥制度五千文。施

行十餘歲。乃用律令。(勒載記) 中壘支雄。游擊王陽。並領門臣

祭酒。專明胡人辭訟。(勒載記)

又云：季龍載記：又下書曰：蓋以昌國陵世之治初建。從刑科之記

權柄所移。而重犯猶未悛清。殘政怨讟。自今罷死流徒。皆責由

奏。不得輒改也。(季龍載記)

又案：慕容超載記：超議復肉刑。……下書於境內。……其令博士已

上。參考舊事。……議成燕律。……群下議多不同。乃止。(超載記)

撰其所則先帝季興與中二祖已議復之未及而晏駕。 又云：宜

遠遵之。亦可附之律條。(超載記)

又云：蓋律成之後。又與賈充等參定法律。(九二頁)

晉書李重傳：重言：立法官制。所以齊衆檢邪。非必曲尋事情。而理無所遺也。故所謂者寡。而所濟者衆。事如此則不得使遠夫近婦無不得其所矣。古但抵禁以為精而止臣

宋書武帝紀：永初元年。七月。壬子。詔曰：往者軍國務殷。事有權制。劫科嚴重。施之一時。今王道維新。政和法簡。可一除之。還遵舊條。反叛淫盜三犯。補冶士。本謂一事三犯。終無悛革。主者頃多并數衆事。合而為三。甚違立制之旨。普更申明。八月……又制有無故自殘傷者補冶士。實由政刑煩苛。民不堪命。可除此條。

（三四）

又二年六月。壬寅。詔曰：杖罰雖有舊科。然職務殷碎。推坐相尋。若

諸有甚寬，則德所不遠。文川而已。又非謂罰之衷。可以等量輔為中否之數。（三乙下）

宋書孝武帝紀：大明七年四月甲子，詔曰：自非臨軍戰陳，一不得專殺。其罪甚重，辟者，皆如舊先上。須報，有司嚴加聽察。犯者以殺人罪論。（同上）南史二9下

宋書明帝紀：泰始四年九月……戊辰，詔曰：……降辟次網，便暨鉗撻，求之法科，差品滋遠。朕務存欽卹，每有矜貸。尋刪制科罪，輕重，同之大辟。即事原情，未為詳衷。自今凡竊執官仗，拒戰邏司，或攻剽亭寺，及害吏民者，凡此諸條，悉依舊制。五人以下，相逼奪者，可特賜黥刖，投畀四遠。仍用代殺，方古為優。全命長戶。

施同造物。布簡惠之化。育字群生。好生之德。無偏出品。（六上）

宋書王弘傳。八座丞郎疏曰。……主守偷五匹。常偷四十匹。並加大辟。議者咸以為重。宜進主偷十匹。常偷五十匹死。四十匹降以補兵。……左丞江奧議。……官及二千石。及失節士大夫。时有犯者。罪乃可戮。恐不可以補兵也。謂此制可施小人。士人自還用舊律。尚書王准之議。……按左丞議。士人既終不為兵革。幸可同寬宥之惠。不必依舊律。……弘議曰。……偷五匹四十匹謂應見優量者。實以小吏無知。臨財易昧。或由疏慢。事蹈重科。求之於心。常有可愍。故欲小進匹數。寬其性命耳。至於官長以上。荷蒙祿榮。付以局任者。已是殊寵。檢下防非。而親犯科律律。兵法肅札而已。乃以為弘矣。士人無私相衛四十五種。私使至此。致以所犯。固其宜爾。並可密議加哀矜。……若祖孫衛富弘微謙為之。(四二上)

宋書徐羨之傳……十四年。大司馬府軍人朱興妻周。坐息男道扶。年三歲。先得癇病。周因其病發。掘地生埋之。為道扶姑女所告。正周棄市刑。羨之議曰：……豈以為法律之外。故為弘物通之理。母之即刑。由子明法。為子之道。焉有自容之地。……誰可材由之避斯從之。(四三上) 南史十五注

宋書朱齡石傳：齡石遣司馬沈叔任戍涪。蜀人侯產德作亂。攻涪城。叔任擊破之。斬產德。初齡石平蜀。所戮止縱一祖之後。產德

事起。多所連結。乃彭加謀竊。無片安處。（分錄）

宋書謝方明傳：元嘉三年。出為丹陽尹。有能名。轉會稽太守。江東
民戶殷盛。風俗峻刻。強弱相陵。姦吏蜂起。符書一下。文攝相續。
又罪及比伍。動相連坐。一人犯吏。則一村廢業。邑里驚擾。狗吠
達旦。方明……除比伍之坐。判久繫之獄。（見三下）

宋書孔琳之傳：桓玄又議復肉刑。琳之以為……三代風淳而事
簡。故罕蹈刑辟。季末俗巧而務殷。故動陷憲網。若三千行於叔
世。必有踊貴之尤。此五帝不相循法。肉刑不可悉復者也。——
棄市之刑。本斬右趾。漢文一謬。承而弗革。所以前賢悵恨。議之
而未辯。鍾繇陳群之意。雖小有不同。而欲右趾代棄市。若從其

就所謂循吏者矣。降及[illegible]之知識分子種[illegible]業不[illegible][illegible]而種[illegible][illegible]
達更[illegible]上。[illegible]目所不[illegible]，則更不[illegible]，日[illegible][illegible][illegible]，則[illegible][illegible][illegible]。
中世言之。重之而爲不傳。種之而無不[illegible]。而可以食其[illegible]年。蕭
其産育。仁[illegible][illegible][illegible]，初無盡藏。至今之所[illegible]。[illegible]地而光。[illegible]般不[illegible]。
[illegible]之處所。亦以爲[illegible]未知。而絶出屋。見於[illegible]條。宜[illegible][illegible][illegible]。[illegible]
宋書蕭[illegible]傳。時[illegible]言[illegible]錄。[illegible][illegible]國亂。[illegible]出[illegible]日。……李東[illegible][illegible]。[illegible]
[illegible][illegible][illegible]。利乃之情日[illegible]。[illegible][illegible]之[illegible][illegible][illegible]。[illegible]不足止其[illegible]。
[illegible][illegible][illegible][illegible]之[illegible]及其[illegible]。[illegible]有[illegible][illegible][illegible]。[illegible][illegible][illegible]治之[illegible]。[illegible]於[illegible]
市之條。[illegible][illegible]不[illegible]之罪。中[illegible]種[illegible][illegible][illegible]減除[illegible]塞。[illegible][illegible]以之[illegible]
言。之皇[illegible]所爲[illegible][illegible]。……[illegible][illegible]……中之[illegible][illegible]以[illegible][illegible]。[illegible][illegible][illegible]於[illegible]

蔡（宋之上）

廓宋臺建。爲侍中。建議以爲鞫獄不宜令子孫下辭。明言父祖之罪。……自今家人與囚相見無乞鞫之訴。使民以明伏罪。不須責家人下辭。朝議咸以爲允。從之。（宋之下）

廓少子興宗爲廷尉卿。有解士先者告申坦昔與丞相義宣同謀。時坦已死。子令孫時作山陽郡。自繫廷尉。興宗議曰。坦昔爲戎首。身今尚存。累經肆眚。猶應蒙宥。令孫天屬。理相爲隱。況人亡事遠。追相誣訐。斷以禮律。義不合關。若士先審知逆謀。當時即應聞啟。苞藏積年。發因私怨。況稱風聲路傳。實無定主。而干黷欺罔。罪合極法。（宋之上）

又又有訟民蘇道恩等二十二人。事未洗正。輒以首伏。棰楉爲方。

與罪以訟民身在獄囹。終不加榜。所希者不爲方。於事爲若。……

又加執憂。孟薦之說。（顧覬之傳）

宋書范泰傳：六年三事之義。旱蝗。上表曰……禮婦人有三從之

義。而無專用之道。周禮父子兄弟。罪不相及。女人被宥。由來尚

矣。謗誣婦女。猶在嚴刑。……書奏。上乃原諸徙婦女。（范泰傳）

宋書何承天傳：劉毅鎮姑孰。版爲行參軍。毅嘗出行。鄢陵縣吏陳

滿射鳥。箭誤中直帥。雖不傷人。處法棄市。承天議曰。獄貴情斷。

疑則從輕。昔驚漢文帝乘輿馬者。張釋之劾以犯蹕。罪止罰金。

何者。明其無心於驚馬也。……今滿意在射鳥。非有心於中人。

據律。豈謂傷人三歲刑。況不償死。微薪可也。以上節述

又時有尹嘉者。家貧。母熊自以身貼錢。為嘉償責。嘉不孝。當死。承天議曰。被府宣令。普議尹嘉大辟事。稱法吏葛滕籤。母告子不孝。欲殺者許之。法云。謂違犯教令。敬恭有虧。父母欲殺。皆許之。……嘉雖虧犯教義。而熊無請殺之辭。熊求所以生之。而今殺之。非隨所求之謂。……滕籤法文。為非其條。……宜以為除嘉之死。……熊之愆。……宜加刑。直赦。並免。以上節述

宋書何尚之傳。律新與度。已五年。吳興餘杭民●兵祖為劫。子睦以告官。新制。凡劫身斬刑。家人棄市。睦既自告。於法有疑。時叔度為尚書。議曰。設法止姦。本於情理。非一人為劫。闔門應刑。所以罪

及同產，則不共相告。一出而與之子，睦父子之義，寧可無其道

亡。而劉大夫廣，事道相傳送，蓋其莊手。解脫求全，於情可愍，理亦

宜宥。……諸凡行道，則緣人未應復告，並全之。此亦非道

宋書文五王傳：竟陵王誕，□推驅民同黨焉誅，殺城內男丁為京觀，

死者數千，女口為軍賞。（七九 6上）

宋書劉秀之傳：先是……之年，改定制令，疑隸人殺長史科，議者謂

值赦宜加徙送。秀之以為律文雖不顯民殺官長之旨，若值赦

但止徙送，便與悠悠殺人曾無一異。民敬官長，比之父母，行害

之身，雖遇赦，謂宜長付尚方，窮其天命，家口令補兵。從之。此亦非

南史 五卅

宋書沈懷文傳：竟陵王誕據廣陵反，及城陷，士庶皆裸身

難配[illegible]即加死。聚所殺人首於石頭南岸。謂之髑髏山。懷文陳其不可。上不悦。

宋書袁顗傳：太宗忿顗違叛。流尸於江。

宋書謝莊傳：大明元年。遷都官尚書。奏改定刑獄曰：……頃年軍旅餘弊。劫掠猶繁。監司討獲。多非其實。或規免身咎。不慮國患。楚對之下。鮮不誣濫。身遭鈇鑕之誅。家嬰孥戮之痛。比伍同閈。莫不及罪。是則一人罰謬。坐者數十。……舊官長竟囚畢。郡遣督郵案驗。仍就施刑。督郵賤吏。非能異於官長。有案驗之名。而無研究之實。愚謂此制宜革。自今入重之囚。縣考正畢。以事言郡。並送囚身。委二千石。親臨覈辯。必收聲吞釁。然後就戮。若二

千石不行法。乃處廷尉。荊州從事。移荊州刺史……有稱。亦得屬

獄。以自往

宋書恩倖傳：大宗世。王悅……壽寂……楊運長。……初悅爲

侍中。權傾御府大官右藏諸署。得兼巧法。及悅死。永嘉相誅

署設詳之。上乃收其黨羽十許人。檀楷。方道淮陰。還合渡瓜步

江。援之中流。亦見二注

宋書自序：亮林子第二子。世祖出鎮襄陽。行參征虜軍事。民有盜發

冢者。罪所近村民。並劾不赴救。同坐。亮議曰。尋發冢之情。事止竊

盜。以侵亡犯死。故同之嚴科。夫穿掘之侶。必銜枚以晦其跡。

劫掠之黨。必讙呼以威其眾。故以赴救甚易。應潛必此難。且山

原其無人之鄉。丘壟非恒途所踐。至於防救。不得比之郡鄉。指實殺人。理無罪異。則役任之法。居宜降矣。又前制之科。雖有同符伍之限。而無遠近之斷。夫冢無村界。當以比近為斷。若不讀之以界。則數家之內。與十里之外。便應同罹其責。……當謂相去百家內。赴告不時者。一歲刑。自此以外。差不及罰。（一百廿）

齊書武帝紀永明三年秋七月辛丑。詔丹陽所領及餘二百里內見囚。同集京師。自此以外。委州郡決斷。（三廿）

又六年正月。……詔二百里內獄。同集京師。克日[illegible][illegible]。自此以外。委州郡訊察。……（三卅）

明帝紀建武二年春正月己亥朔。三百里內獄訟。同集京師。克

日積慢。山以外事，亦郡訊察。（六卅）

梁書宗懍傳，初郡參之年……仍信……誓。十月之末，該則首料

條例。（七頁）南史65

齊書柳世隆傳，爲尚書左丞，從之……難專國士。全用虜法一人

此已得屬宗，摘過。（卅四頁）

南齊書陸澄傳：宋泰始初，爲尚書殿中郎……時古制有坐杖，有名

無實。澄依舊糾罰。下白簿受杖。（卅九頁）

又書王融傳：泰始五年，明帝敕荊郢湘雍四州，討所數者斬之，有

及家長坐，宗口從莫官之徽。初，郢州討所擒，融謂家人家

長。罪所不及。亡身到五年，主謂請假前叔父表，道中聞輕欽歎道

雜杖五十。寄禁者從陵獄。大明五年制：二品清官止僅幹杖，不得

過十。爲左丞孫緬所奏，免官。右一張

齊書謝瀹傳：出爲吳興太守。長城縣民盧道優家遭劫，誣同縣殷

孝悌等四人爲劫，瀹收付獄考正。孝悌母駱詣登聞訴，稱孝

悌爲道優所誣謗，橫劾爲劫。一百七十三人連名保徵，在所不爲

申理。瀹閱孝悌母訴，乃啓建康獄覆，道優理窮款首，依法斬刑。

有司奏免瀹官。右三張

齊書孔稚珪傳：……遷廷尉。江左相承用晉世張杜律二十卷。世祖

留心法令，數訊囚徒，詔獄官詳正舊注。先是七年，尚書刪定

郎王植撰定律章表奏之，曰：臣尋晉律，文簡辭約，旨通大綱，事

之所質，取斷難釋。張斐杜預同注一章，而生殺永殊。自晉泰始以來，唯斟酌參用。是則吏挾威福之勢，民懷不對之怨……陛下……爰發德音，刪正刑律，敕臣集定張杜二注。謹礪愚蒙，盡思詳撰，削其煩害，錄其允衷。取張注七百三十一條，杜注七百九十一條。或二家兩釋，於義乃備者，又取一百七條。其注相同者，取一百三條。集為一書。凡一千五百三十二條，為二十卷。請付外詳校，擿其違謬。從之。於是公卿八座參議，考正舊注。有輕重處，竟陵王子良下意，多使從輕。其中朝議不能斷者，制旨平決。至九年，稚珪上表曰……律文二十卷，錄敘一卷，凡二十一卷，今以奏聞，請付外施用，宣下四海。（四八）齊 南史四九

齊書高帝紀：建元三年，別置獄丞，與建康為比。（五三上）

梁書武帝紀：天監元年……又詔曰：……可依周、漢舊典，有罪入贖。外詳為條格，以時奏聞。（三上）詔曰：……可於公車府謗木肺石傍各置一函。……若理有皦然，受困包匭；夫大政侵小，豪門陵賤，四民已窮，九重莫達。若欲自申，並可投肺石函。（三上　南史六上）又詔曰：……訟法情偽，動成通詭，罰以常科，從來無辜，夫橫楚成感。蓋代斟酌，管攝有令，如其可從，外詳共評議，務存嚴理。（三上）

梁書武帝紀：天監元年，八月……丁未，詔中書監王瑩等八人參定律令。（三上　南史六下）

又二年夏四月癸卯，尚書刪定郎蔡法度上梁律二十卷，令三十卷

梁科四十卷。止（二7下）六9下 南史

梁書武帝紀天監三年六月。丙子。詔曰。昔哲王之宰世也。亦勤下枉。務事必有。……來代風澆。久曠茲典。……可分將命。巡行州部。其有深冤鉅害。抑鬱無歸。聽詣使者。依源自列。……止（二4上）

又十一月。甲子。詔曰。……金作權典。宜在蠲息。可除贖罪之科。止（二4上）

又五年四月甲寅。詔曰。……凡犴獄之所。可遣法官近侍。遞錄囚徒。如有枉滯。以時奏聞。止（二上）

南史四月甲寅。初立詔獄。以建康置三官。比廷尉。三官本掌獄事。使建康為南獄。廷尉為北獄。止（六1上）

又十一年正月。壬辰。詔曰。……自今捕謫之家。及罪應質作。若年有老小。可停將送。止（二8上）六11上 南史

梁书武帝纪　天监十四年正月辛亥。舆驾亲祀南郊，诏曰：……帝

大辟罪囚付廷尉。务念矜恤。为远之杂。并可有除。（三之上）

又大同十一年冬十月己未。诏曰：……中年依古。许罪身入赀。吏

下因此。不无奸猾。所以一日复敕禁断。……可复开赎[illegible]格

以赎。（三之上）

又中大同元年七月甲子。诏曰：……自今有犯罪者，父母祖父母勿坐。惟

大逆不预今恩。（三之上）

又柳忱传：天监元年。除[illegible]侍中。与仆射沈约等共定新律。（卅二）

（67）

又孝行传：吉翂，天监初。父为吴兴原乡令。为奸吏所诬。逮诣廷尉。

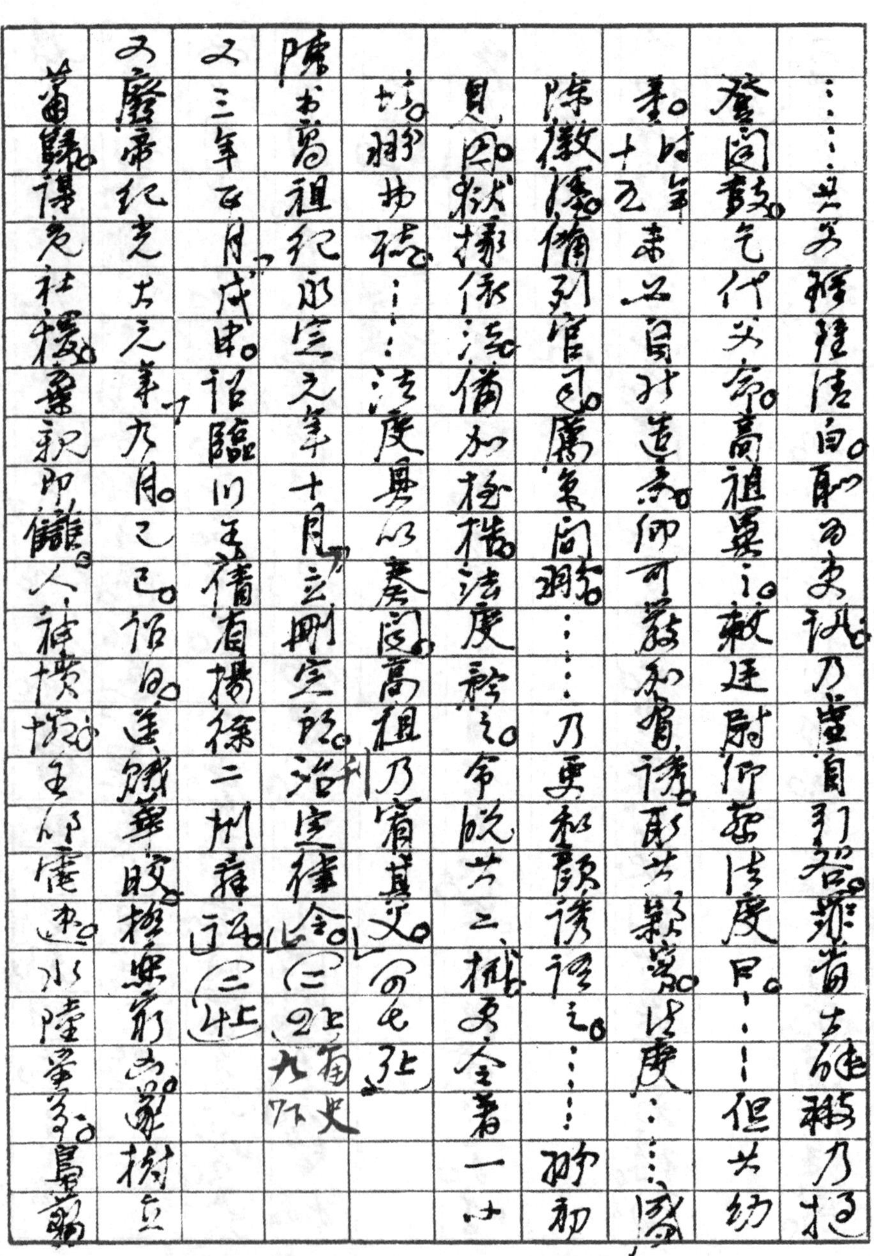
……其父稱隆法白。取而更議，乃皆自引咎，非有大罪，稱乃抱

登聞鼓，乞代父命。高祖異之，敕廷尉孫紹法度見……但其幼

弱，特年十五，未及自對，造次可哀，和有諸刑部者款實，法度……感

除徵議備列官司，薦其高聯……乃更私款議論之……詔初

見困獄掾依法備加拷楮，法度辭之，令脫其二械，更令著一小

械。聯步繫……法度具以奏聞。高祖乃宥其父。魏七下

隋書高祖紀：開皇之年十月，已删定刑罰。治定律令。隋二上 九下 隋史

又三年正月戊申，詔臨川王備有揭條二州雜征。隋二上

又廢帝紀：大定之年九月乙巳，詔曰：盜賊群起，擾亂郡縣，樹立

首歸謀危社稷，窮寇即離，人被擄掠，生命塗炭，水陸寇盜，皇朝

之糾匪伊頡嘉共家口在州星為水宜從諸郡國時自擅造（四21）

陳書宣帝紀太建五年十二月壬辰詔曰。古者反噬叛逆盡族誅夷。所以藏其首級誡之後世。比者所戮止在一身。子胤弗存。墓祀自己。不容為埋瘞。尋此月支惻隱之懷有仁不忍。維暑曇朗留異陳寶應周迪鄧緒等。及今者王琳●並追還親家。以廣澤。（五上）

又章昭達傳子大寶乃據三年……反。……生擒送都。於路死樹首梟於朱雀航。夷三族。（十一上）南史奕本

又王沖傳文帝嗣位。……詔又以本官領丹陽尹。參撰律令。（十七上）

又儒林傳沈洙梁代舊律。測囚之法。日一上。起自晡鼓。盡於二更。

及比部郎范泉刪定律令。以舊法測立時久。非人所堪。分其刻數。日再上。廷尉以為新制過輕。請集八座丞郎。并祭酒孔奐行事沈洙五舍人會尚書省詳議。時高宗錄尚書。集眾議之。都官尚書周弘正曰。未知獄所測人。有幾人款。幾人不款。須前責取人名及數并其罪目。然後更集。得廷尉監沈仲由列稱。別制已後。有壽羽兒一人坐殺壽慧。劉磊渴等八人。坐偷馬仗家口渡北。依法測之。限訖不款。劉道朔坐犯七改偷。依法測立。首尾二日而款。陳法滿坐被使封藏阿法受錢。未及上而款。弘正議曰。凡小大之獄。必應以情。正言依準五聽。驗其虛實。豈可全恣考掠。以判刑罪。且測人時節。本非古制。近代已來。方有此法。起自

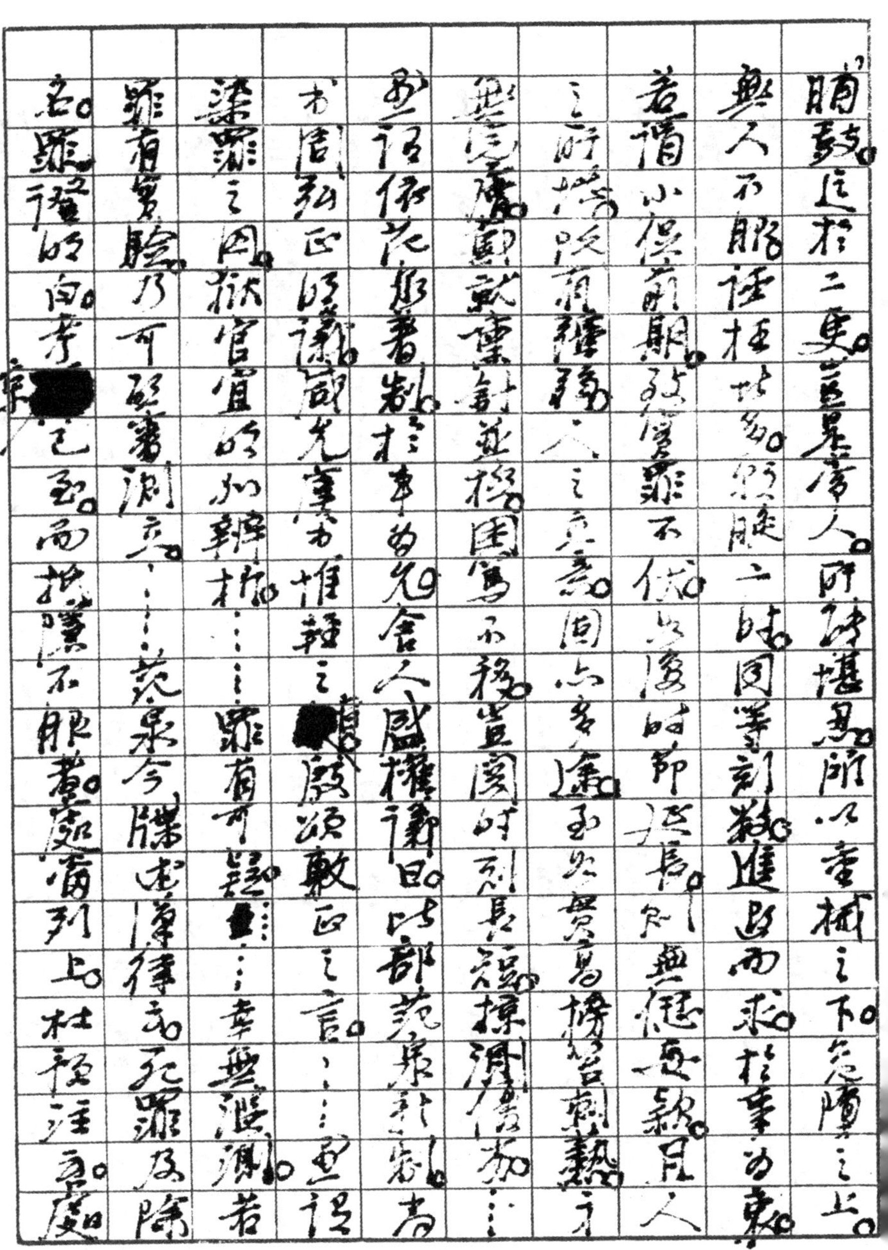

蓋證驗晷影之狀，刻其抵隱之處。錄書實制漏刻，百中不驗者
一。新刻實儀，十中不驗者九。參合相文，覺德遲驗。歷皆列上。未
具觀屋和。至詔宜付學詳。更詳審者，列上之矣。諸議曰。夜代中測之
緣氣易欺，兼用晝漏，於事爲允。但漏刻驟促，今古不同。……要
無廢古夜測之晷。從晝漏之昏……捨秋冬之少刻，從夏日之
長晷。不同宜著。並依今之夜至。朝夕上測者十七刻，比之古漏。
制上參昔の說，即用今漏。反之氣多者刻，雖冬至之時，數亦優
夜。正是少日，於事非難。……雅議以爲宜依苑宗弟制。高宗曰。
使長安議日中。宜更付議。左丞宗之讀議。眾論者沿議。非復異
說。正是新使の時，明其刻數。至於斟酌其佳，以會儀象，即同謂讀

寫宗刑宗書詳覆制。高宗依東樓上。四三上

宋書文帝紀：元嘉三年五月丙午，車駕臨延賢堂聽訟。六月丙（自是每歲三訊。南史二卷）

寅，車駕又於延賢堂聽訟。丙子，又聽訟。四卷

又孝武帝紀：大明元年五月癸酉，於華林園聽訟。六上（自是非巡狩

軍役，則車駕歲三臨訊。三卷上）

南史宋本紀：明帝泰始四年秋九月戊辰，詔定黥刖之制。有司奏：

自今凡劫竊執官仗，拒戰邏司，攻剽亭寺及傷害吏人，并監司

將吏自為劫，皆不限人數，悉依舊制斬刑。若遇赦，黥及兩頰

劫字。斷去兩腳筋，徙付交、梁、寧州。五人以下止相逼奪者，亦依黥

作劫字。斷去兩腳筋，徙付遠州。若遇赦，原斷徒猶黥面，依舊補

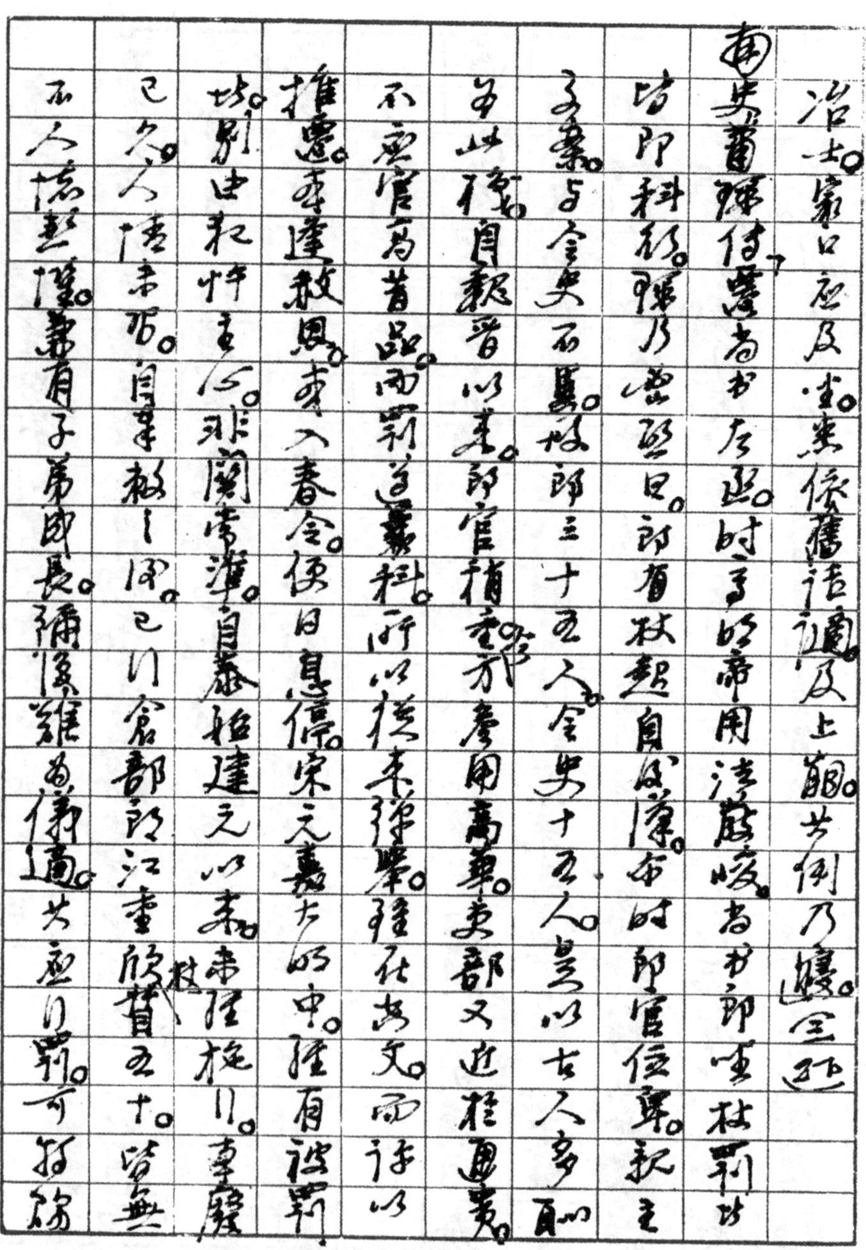

治也。家口應反。也。案依舊法。適及上籍。其例乃嚴。（三卅）

南史蕭琛傳：琛為尚書左丞。時高帝用法嚴峻。尚書郎坐杖罰者皆即科行。琛乃密啟曰。郎有杖起自後漢。爾時郎官位卑。親主文案。與今史不異。故郎三十五人。令史十五人。是以古人多恥為此職。自魏晉以來。郎官稍重。方今參用高華。吏部又近於通貴。不應官高昔品。而罰遵曩科。所以從來彈舉。雖在空文。而許以推遷。查逢赦恩。或入春令。便得息停。宋元嘉大明中。經有被罰者。別由犯忤主心。非關常準。自泰始建元以來。未經施行。事廢已久。人情未習。自奉敕之後。已行倉部郎江重欣杖督五十。皆無不人懷慚懼。兼有子弟成長。彌復難為儀適。其應行罰。可特賒

擇儀使與全史有異，以劃優緩之。漢帝[illegible]之聞其字刑法依

舊不行。（十八上）

南史王弘傳：元嘉係衛軍宅之年，使齊，以陳郡袁濟為副，以生

孫棘故因之，言文宣女川。戴死因以從了人，呼曰供御囚，奴妃。

則皆殺之。衛及寓華危猜其數矣。可懲村相通考治護之。夫

嘉二年，卒。遂止。（四十上）

凡擇事不受辭訴，擇財賂罪論之，鉄南史顧闓傳（四十五上）

南史沈邵傳：累遷尚書中兵郎。先是尚書中條制繁雜，元嘉十八

年，欲加脩撰，徙為刪定郎，掌其任。（四十下）

南史關弘臣傳：隨為平西鄱陽王府諮議參軍。有罪應流徙，勅以

得于陁利國。未幾,寄聲高方。於獄上書帝,請書詔降勑原罪。仍

傳本傳。(四九9上)陳書本傳然

南史宗越傳:竟陵王誕據廣陵反。越領馬軍,隸沈慶之攻誕。及城

陷。孝武使悉殺城內男丁,越受旨行誅。躬行其事。莫不先加捶

撻。或有鞭其面者。欣欣若有所得。凡殺數千人。(四十4上)

南史梁宗室傳:長沙宣武王懿子業,仕齊爲太子舍人。宣

武之難,與二弟藻、象俱逃匿於王嚴秀家。東昏知之。收嚴秀付

建康獄。考掠備極。乃以鉗拔手爪。至死不言。竟以免禍。(五一4上)

陳書南康愍王曇朗子方泰:太建十一年……與左右楊鍾期等

二十人微服往民間淫人妻,爲州所錄。又率人仗抗拒,傷禁司

由有司所奏，上大怒，下方泰獄。方泰初但承行淫，不承拒格禁
司，上曰：不承則上測。方泰乃投列承引。（卷十四）南史（卷六五）
陳書似刑[illegible]南史是也
梁書良吏傳：何遠……為人所訟，徵下廷尉，被劾數十條。當時士
大夫坐法，皆不受測。遠度己無贓，就測立三七日不款，猶以私藏
禁仗除名。（卷五十三）南史循吏傳（卷七十）
梁書諸夷傳：扶桑國……其國法，有南北獄。若犯輕者入南獄，重罪者
入北獄。有赦則赦南獄，不赦北獄。在北獄者，男女相配，生男八
歲為奴，生女九歲為婢。犯罪之身，至死不出。貴人有罪，國乃大

令。生瘞人於坑。第二處殺。令訣著死別處。以灰繞之。共一年別
一處。已上。二年別及子孫。三年別及七世。（七の四八上）七九下 南史
宋書 天竺 夷 元陽之殺城内男女。遂佐寘郡麟寘也軍宗愨傳
僞同居州。先剖腸決眼。或以面擬鼻。若涉罹創。然後方加以刀
鋸。（四六下）

漆頭藏於武庫。宋書臧質傳録江夏王臣義恭左僕射臣宏等
奏曰。……依漢王莽事例。漆其頭首。藏於武庫。……詔可。（七の八上）

梁書林邑傳。國不設刑法。有罪者使象踏殺之。（七の廿上）
又扶南傳。國法無牢獄。有罪者先齋戒三日。乃燒斧極赤。令訟者
捧行七步。又以金鐶雞卵投沸湯中。令探取之。若無實者。手即

隼旟。且捕者即去。又於城溝中養鰐魚。門外圈猛獸。有罪者輒以餵猛獸及鰐魚。魚獸不食為無罪。三日乃放之。（同の[illegible]）

梁書高句驪傳。其國無牢獄。有罪者則會諸加評議殺之。沒入妻子。（同の[illegible]）

又扶桑傳。其國法有南北獄。若犯輕者入南獄。重罪者入北獄。有赦則赦南獄。不赦北獄。在北獄者。男女相配。生男八歲為奴。生女九歲為婢。犯罪之身。至死不出。貴人有罪。國乃大會。坐罪人於坑。對之宴飲。分訣若死別焉。以灰繞之。其一重則一身屏退。二重則及子孫。三重則及七世。（同の[illegible]）

晋書忠義傳易雄少爲縣吏。自念卑賤。無由自達。乃脱幘挂縣門而去。因習律令及施行故事。交結豪右。州里稍稱之。（究九8上）

又儒林傳續咸又修陳杜律。明達刑書。永嘉中。歷廷尉平東安太守。劉琨承制於并州。以爲從事中郎。後没石勒。勒以爲理曹參軍。持法平詳。當時稱其清裕。比之于公。（究一5上）

齊書崔祖思傳。建元之年……啟陳政事曰……又曰……漢來治律有家。子孫並世其業。聚徒講授。至數百人。故張于二氏。絜譽文宣之世。陳郭兩族。流稱武明之朝……今廷尉律生。乃令史門户。族非咸弘。庭缺於訓。刑之不措。抑此之由。如詳擇篤厚之

士。使習律令。試簡有徵。擢為廷尉僚屬。苟官其家。而不美其績。鮮矣。廢其職而欲善其事。未之有也。（井作）

齊書孔稚珪傳。永明九年。所撰律文表……按此之由。又非律吏之咎。列邑之宰。亦亂其經。或以軍勳餘力。或以勞吏暮齒……獄吏雖良。不能為用……尋古之名流。多有法學……今之士子。莫肯為業。縱有習者。世議所輕……將恐此書。永墜下走之手矣。今若弘其爵賞。開其勸慕。課業宦流。班習胄子。拔其精究。使處內局。簡其才良。以居外仕。方岳咸選其能。邑長並擢其術。……然則姦邪無所隱其形。貪吏不肆藏其詐。……宜寫律上國學。置律學助教。依五經例。國子生有欲讀者。策試上過高第。

刑法（法學）

即使擢用，使處法職，以勸士流。詔報從納，事竟不施行（四六·齊）の南史

南史梁本紀：天監四年初置胄子律博士（此亦似梁書）

晉書姚興載記：興立律學於長安，召郡縣散吏以授之。其通明者，還之郡縣，論決刑獄。若州郡縣所不能決者，讞之廷尉。（興上）

晉刑法志：衛覬……奏……請置律博士，轉相教授。事遂施行。（卅）

4下

晉書樂志指斧鉞誅，刀鋸簡中。倚伏無施。又寬而擬刑措何由。

三壯

又刑法志：魏世所改，賊鬬殺人，以劾而亡。許依古義，聽子弟得追殺之。會赦及過誤相殺，不得報讎，所以止殺害也。

又譙閔王承傳：魏乂檻送承到州。刺史王廙承敦旨，於道中害之。

又烈王無忌傳：江州刺史褚裒當之鎮，無忌及丹陽尹桓景等餞於板橋。時王廙子丹陽丞耆之在坐。無忌志欲復讎，拔刀將手刃之。裒、景命左右救捍獲免。御史中丞車灌奏無忌欲專殺人。付廷尉科罪。成帝詔……以私憾害制。亦已有對……重其出國

好法令。自今已往，有犯必誅。於是賦以贖論。（四七頁）

晉書陶璜傳：孫皓時，交阯……因附……晉軍毛炅……破吳軍。……斬大都督脩則。……則子允隨璜南征，城既降，允求復讎。璜不許。炅密謀襲璜，事覺，收炅，呵曰：晉賊。炅厲聲曰：吳狗，何等為賊。允剖其腹，曰：復能作賊不？炅猶罵曰：吾志殺汝孫皓，汝父何死狗也。（五七頁）

元四王傳：武陵威王晞。桓溫誣其謀逆，請誅之。簡文帝不許。溫於是奏徙新安郡。……卒於新安。子（忠敬王）遵，右將軍桓偉嘗詣遵。……加門曰，有通桓氏。左右曰：伊與桓溫疏宗，相見無嫌。遵曰：我聞人姓木邊，便欲殺之，況諸桓乎。由是少稱穆整。（六〇頁）

曾由于謝傳子素至敗誅滅。素斬離人臺。以首級示墓。詔廷尉詰

辭。廷尉特宥之。由是知名。（七九上）

又誣舊將傳祖讒。……及文帝所誅。又顗棄異。及大司馬吳平。逃

竄不出。武帝與顗有舊。顗拂又為殺王杞。帝知顗在拂目。因

射見客。顗逃於廁。帝又遣覓之。詔曰。不語令日。優得於兒。顗流

涕曰。不計懷于安國。僕觀聖顏。詔以為侍中。固辭不拜。揚於鄉

巫。後方不問。殺廷尉而出。（七七九上）

謝安傳子瑛。瑛因恩大發。瑛殺績。瑛帳下請活穩於所瑛島。瑛隨

地。與二子肇嶷俱被害。……及劉裕左罡之捷。生寄穩。送瑛小

子混。之劍肝生食之。（七九上）

晉書殷仲堪傳：子簡之。載喪下都。葬於丹徒。遂居墓側。義旗建。私率僮客隨義軍躡桓玄。玄死。簡之食其肉。（八〇八上）

孝友傳

又王裒傳：父儀。……為文帝司馬。……殺之。……痛其非命。未嘗西向而坐。示不臣朝廷也。於是隱居教授。三徵七辟皆不就……鄉人管彥。少有才而未知名。裒獨以為必當自達。拔而友之。男女各始生。便共許為婚。彥後為西夷校尉。卒而葬於洛陽。裒後更嫁其女。彥弟馥問裒。裒曰。吾薄志畢願山藪。昔嫁姊妹皆遠。吉凶斷絕。每以此自誓。今賢兄子葬父於洛陽。此則京邑之人也。豈吾結好之本意邪。（八三上）

又王談。吳興烏程人也。年十歲。父為鄰人竇度所殺。談陰有復讎志。尚撞為度所殺。寸弱不高。日夜伺度。未得。至年十八。乃密市利鐵。陽若耕鉏者。度常乘船出入。經一橋下。謀伺度行還。伏草中。度既至。躍於橋上。以鐵斫之。應手而死。既而詣縣自首。大守孔嚴嘉其義勇。列上宥之。（只8卜）

晉書忠義傳沈勁。……父充。與王敦構逆。眾敗而逃。為部曲將吳儒所殺。勁當坐誅。鄉人錢舉匿之。得免。其後竟殺儒。（只九卅）

又良吏傳喬智明。……鮮卑前部人也。……為……隆慮共二縣令。二縣愛之。號為神君。部人張兌。為父報讎。母老單身。有妻無子。智明愍之。停其獄。歲餘。令兌將妻入獄。兼陰縱之。人有勸兌逃者。兌曰。有君如此。吾何忍累之。縱吾得免。何面目視息世間。

於獄產一男。會赦得免。（九五下）

又文苑傳：棗據……本姓棘，其先避難改焉。（九二下）

又李充傳：少孤。其父墓中柏樹嘗為盜賊所斫，充手刃之。由是知名。（九二上）

又隱逸傳：龔壯……巴西人也。……父叔為李特所害。壯積年不除喪。力弱不能復讎。及李壽戍漢中。與李期有嫌。期將討之。壯欲假壽以報。乃說壽……兼有西土，稱藩於晉。……壽然之，遂率眾討期。果剋之。壽移結偽號。雅友之。壯誓不仕。饋遺一無所取。會天久雨。百姓饑墊。壯上書說壽……勸歸順。……壽省書內愧。祕而不宣。乃遣使以詔壯。壯又陳之。壽又不納。壯詐言耳聾……

事亦見李壽載記。（卅四下）

卒。莫大忠孝。既假壽殺豫形仇以靈。又欲使其歸殺。以明臣節。

事既不從。此遂權詐。又云手不刺殺。終身不復至成都。」（九〇八上）

晉書列女傳「王廣女。……廣仕劉聰。為西揚州刺史。蠻帥梅芳攻

陷揚州而廣被殺。王時年十五。芳納之。俟於闇室擊芳。不中。芳

驚起曰。何以反耶。王罵……肆梟獍屠。言終乃自殺。芳止之不

可。」（九六七）

又北齊暉傳「第延年十歲。出入為兒惡蕭摠所害。每思得蕭為報。

聽之象。哭而射之。中之則躍譟。不中則嗚咽大呼。」（九七七上）

又陳元傳「及殷楊某興。云告遠。謀入某楊好某儒家。儒請之因重

壁中。因笑語之曰。三千戶侯也。之曰。書侯不足貴也。余以大郭

所殺。之宗族姦安厚根據。若為報仇，將復相殘滅矣。儒遂殺之。充子勳，竟滅吳氏。（九十上）

晉書桓溫傳：宣城太守彝之子也。……彝為韓晃所害，涇令江播豫焉。溫時年十五，枕戈泣血，志在復讎。至年十八，會播已終，子彪兄弟三人居喪，置刃杖中，以為溫備。溫詭稱弔賓，得進，刃彪於廬中，并追二弟殺之。時人稱焉。（九十八下）

又杜曾傳：王廙為荊州刺史，曾距之。廙使將朱軌、趙誘擊曾，皆為曾所殺。王敦遣周訪討之。……曾將馬儁、蘇溫等執曾詣訪降。訪欲生致曾，而朱軌息昌、趙誘息胤，皆乞曾以復冤。於是斬曾，而昌、胤臠其肉而噉之。（百上）

晉書荀崧傳：記室足法子東海公陽興主穆子韶侍郎除誅之。事陳，理問其狀。陽曰：禮云父母之仇不同天地，臣以哀公死不以寬之。宜襄復九世之讎，為汲臣也。（[illegible]）

又初石季龍末，清河崔悅為新平相，為郡人所殺。悅子液仕至尚書郎。自表父讎不同天地，請遣還。溫聞之，禁錮新平人，缺其城角以恥之。（[illegible]）

又撫長韓記長方於。有復私仇者皆誅之。（[illegible]）

宋書樂志鼙舞歌之精微篇：關東有賢女，自字蘇來卿。壯年報父仇，身沒垂功名。女休逢赦書，白刃幾在頸。俱上列仙籍，去死獨就生。

案此篇首闕中有賢女〻〻〻〻〻漢鼙

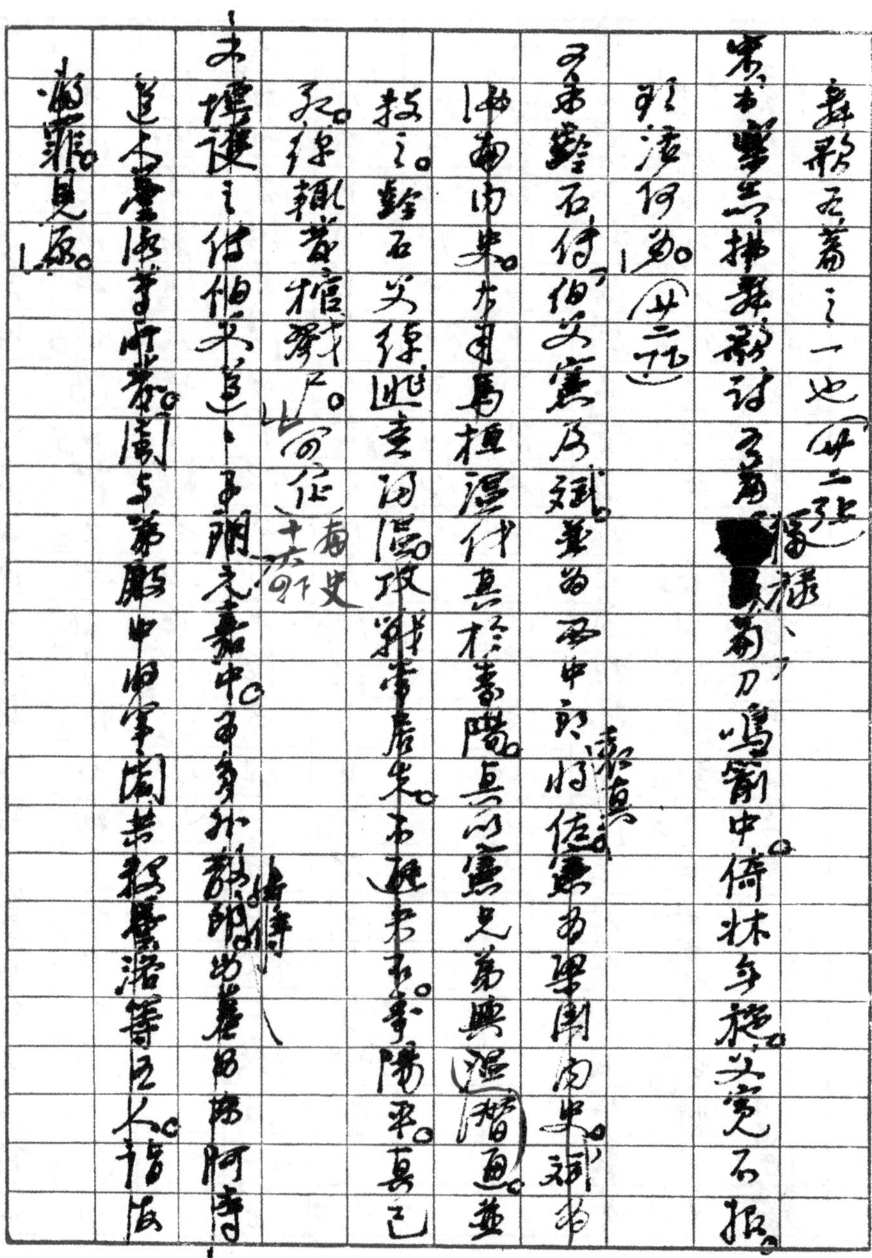

宗正言宗室侍臨川列郡王道覲妻子，以長同異生子彭慶當嗣之

義之事。……時有民萬祖妻趙殺子婦，遂教依律離孫，離散

慶云……至於秋戚而萬骨肉相殘，攜逆無常，寔紀無定，准求

之法，然斷以人情，且禮有違失之意，律無離祖之文，況趙之於

慕本宗於陽偏以深當，更至荒蕃之王風等行路之情，離居怙

此，得罪衝悲，而遂至離其父同情，無親孝道，寧之致隳本

荒蕃有可治以荒蕃之字

傳，降付附會，稽刺殺民萬祖妻趙，杖其戴妻生死已。逐教王有

父也。及息男種具安業，依法徒趙二年，至於隆議之已。……父

子本親，分形同氣，稽之於親，則戴之於趙，辨去之世。程而號一。

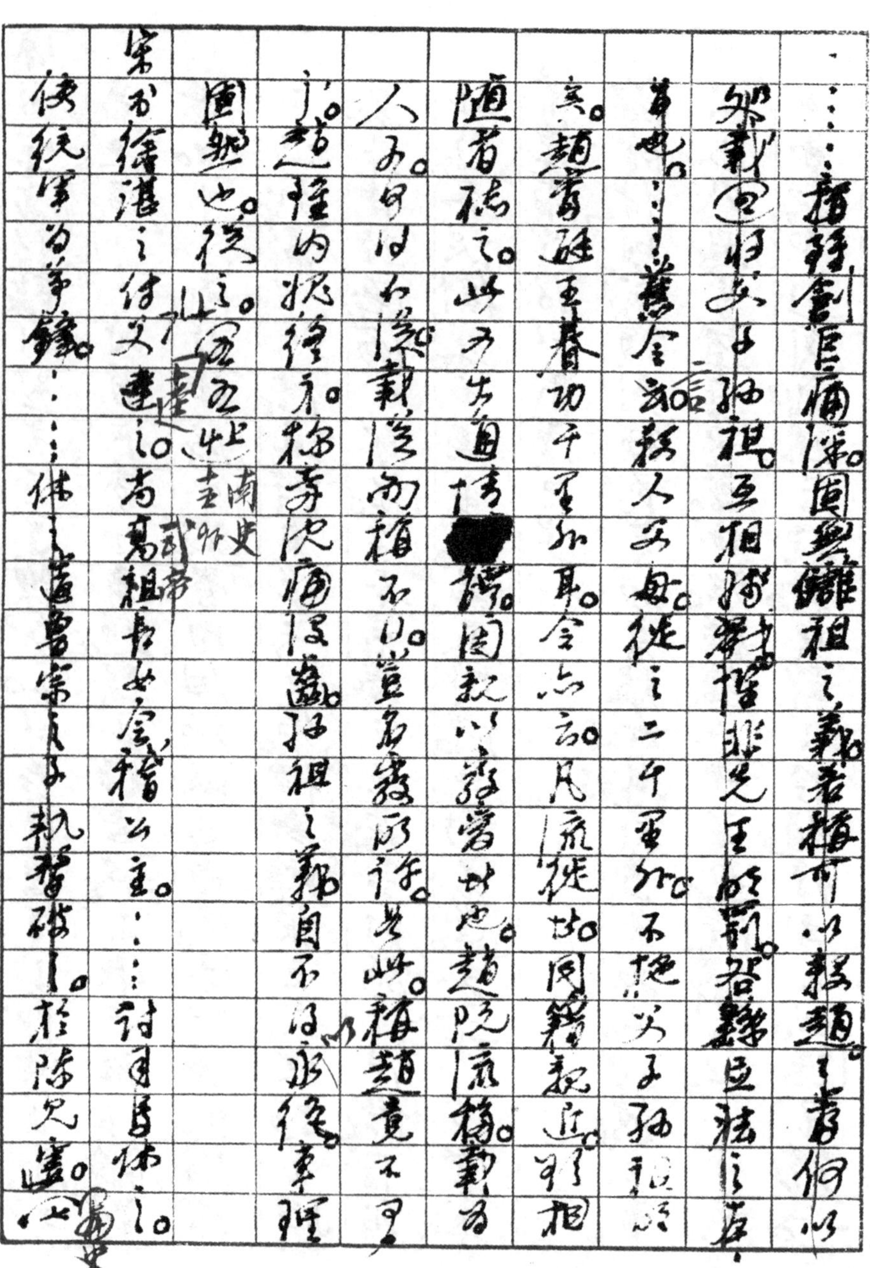

延元嘉二十八年。敕。曹獲是吳軍部曲叛，順獲等曹執子
治之以為劫，笔連坐，特所有私。不敢首審私。乞為房宇里不
諸宋書廿
宋書宗越傳越為役門。出身補郡吏。父為蠻所殺。殺其父者嘗出
郡。越於市中刺殺之。太守夏侯穆嘉其意。擢為隊主。八三廿
又書孝義傳大宗泰始二年。長城奚慶思殺同縣錢仲期。仲期子延
慶屬役在都。聞父死。馳還。於庚浦埭逢慶思。手刃殺之。自繫烏
程獄。吳興太守郗顒表不加罪。許之。宋一五　七三　61　南史
自序擢其事迹。亦録其子荣。荣林子……隆安三年。恩因孫於會稽
作亂。……穆夫時在會稽。恩以為前部參軍振武將軍餘姚令。

……恩爲劉牢之所破。輔國將軍高素於山陰回踵埭執穆夫。

……見害。……先是宗人沈預素無士行。爲穆夫所疾。至是告官。

穆夫預知禍。逃藏。將兄弟。預以告官。穆夫及穆夫兄仲夫、任夫、預夫、

佩夫並遇害。唯穆夫子淵子、雲子、田子、林子、虔子獲全。

林子。……田子負之……年十三。遇家禍……門陷妖黨。

兄弟並應從誅。逃伏草澤。常慮及禍。而沈預家甚強富。志相陷

滅。林子與兄晝藏夜出。即聽所居宅荒寂。……祖謝越凡小

載。……林生業已盡。老弱甚多。東土饑荒。易于乖離。

中弟種偏……伏山草。無所投厝。……林子乃自歸高祖。……遂長

家移京口。高祖分宅給家。……淡高祖討東……時年

十八。……沈頭廣林子高言。常被甲詐書。乃是林子無兄田子

遂爭根鏈。五月及節日到。頭改立集會。子弟盈堂。林子兄弟擅

自置入。斷頭首。男女無長幼。悉屠之。頭首祭父祖墓

新書沈文書傳以慶曆詔……升時之事。沈傳之云。太祖加文學為

頭年間宋措置興鈔塘置吏。傳之見為景衡使監管之。至是。

文書傳鈔役之東新安大守詔。諒共宗族。所司了上

又論姚傳姚知告王錄之之女為姚婁。常據刀刑……之不敢

杜見。此同老知若杜史

又書新傳宋讓詔。長部錢唐人也。父昭詔……讓之年幾所生

母亡。昭之假某田似為稼以來幼方據火所焚。因產物當語之詔

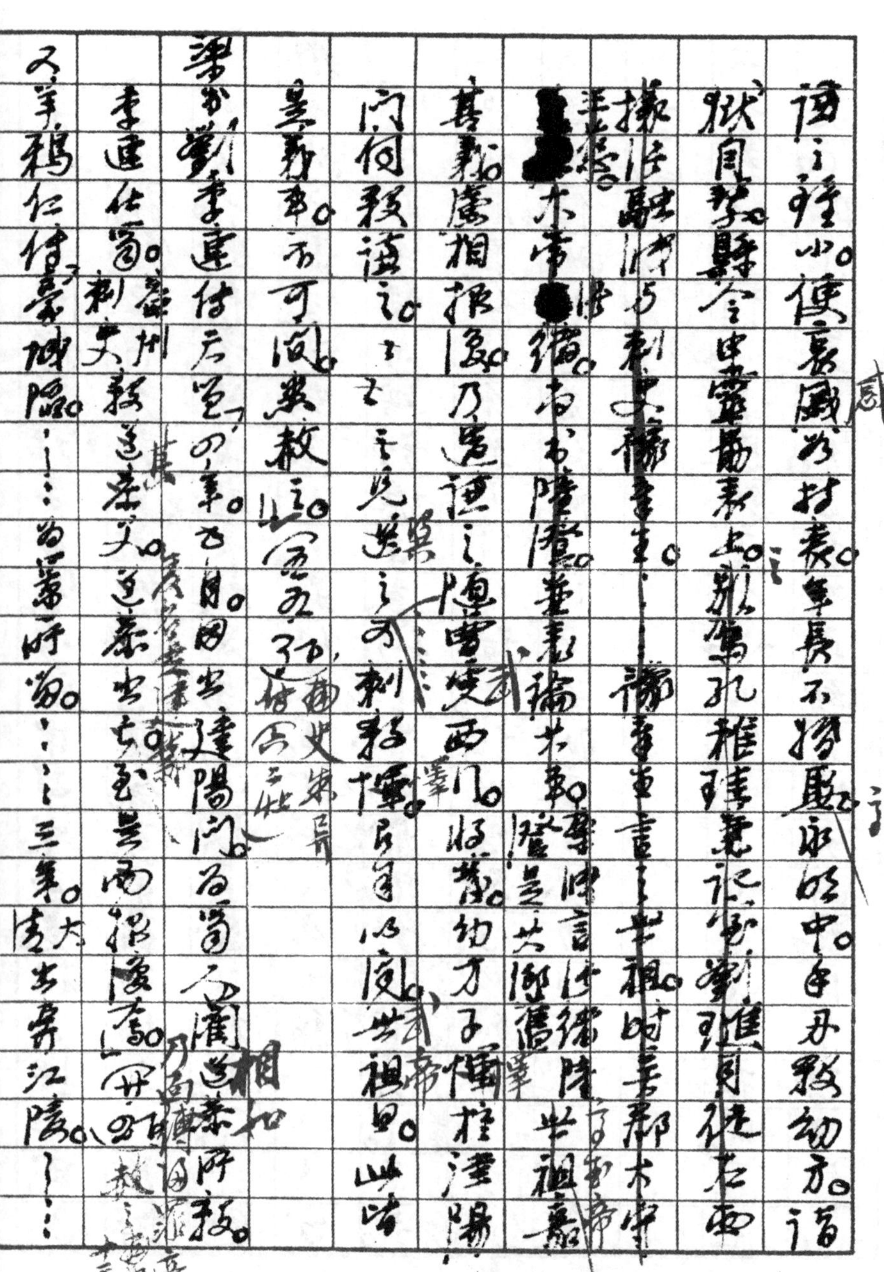

東莞為始興徐州刺史蕭伯遊謝子府僚。」（四九注）　孝謙謝

子。南史作子慕。又蕭穎子足子海瞻招復吏。」

梁書孝行傳甄恬。……祖瓊。年十五。復父仇於縣於市。」（四〇七之四）（七の上）南史

陳書侯瑱傳　巴西充國人也。父弘遠。世為西蜀酋豪。蜀賊張文萼

據白崖山。……梁益州刺史鄱陽王蕭範命弘遠討之。弘遠戰

死。瑱固請復讎。每戰必先鋒陷陣。遂斬文萼。由是知名。」（九上）

又毛喜傳　陳主……與……馬皁傳曰。此人勇氣。[illegible]猶乞鄱陽王」

[illegible]（？）語曰。所著指撝可守。……傳縡掌之曰。……若誅指撝頭[illegible]

先皇何地。」　廢帝世祖嫡長子。世祖第二子始興王伯茂被

授鄱陽王伯山世祖第三子也

南史梁本紀武帝皇考諱順之……於齊高帝為始族弟……初皇考之薨不得志，事見魚復侯傳。及鬱林失德，齊明帝作輔，將為廢立計。帝欲助齊明，傾齊武之嗣，以雪心恥。齊明亦知之，與帝謀。（實迹）見武帝諸子傳。魚復侯子響為荆州刺史。殺長史劉寅等。上遣胡諧將軍尹略率領羽林三千人檢捕群小。子響膂力之士重衝走攻殺略。上又遣丹陽尹蕭順之領兵繼之。子響……將自投左右三十人……下都。初順之將發，文惠太子素忌子響，密遣不許還，令便為之所。子響及見順之，欲自申明，順之不許，於射堂縊之……上心甚悔恨……順之慙懼感病，遂以憂卒。（同上）

南史王奐傳：為雍州刺史。以寧蠻長史劉興祖……上……遣中書舍人呂文顯、直閣將軍曹道剛領兵收奐……奐子彪……閉門拒命……司馬黃瑤起、寧蠻長史裴叔業於城內起兵攻奐。奐聞兵入，禮佛，未及起，軍人斬之。子肅、秉並奔魏。後得黃瑤起，臠食之。（卅二頁）

南史梁武帝諸子傳：豫章王綜，武帝第二子也……初綜母吳淑媛在齊東昏宮，寵在潘余之亞。及得幸於武帝，七月而生綜，宮中多疑之。……及綜年十四五，恒夢一少年肥壯，自挈其首綜。如此非一。綜轉成長，心驚不已。密問淑媛……淑媛問夢中形色，頗類東昏。因密報之曰：汝七月日生兒，安得比諸皇子。……

……綜相抱哭。每日夜恒涕泣。又每請至閑處。藉地。被髮。席藁。輕財好士。分施不輟……常於閤齋布沙於地。終日跣行。足下生胝。日能行三百里。嘗有人士姓王。以毛蹟投告。綜於時大之。惟有胝胼之宅幃帳。即下付之。方降意下士。以伺風雲之會。諸侯王妃主及外人並知此懷。惟武帝不能……招引道士。探求數術……武帝有敕疏至。輒忿恚形於顏色……稍採州道。頗載表陳便宜。求經略邊境……徐州所有諸機。並令斬棄。以帝心名綜故。蕭綜意者僅討徐之。求出鎮蕭陽……在徐州。於別室歲時設席。祠齊氏七廟。又累微行至曲阿。拜齊明帝陵。然猶無以自信。聞俗說以生者血瀝死者骨。滲即為父子。綜乃私

發齊東昏墓。出其骨瀝血試之。既有徵矣。在西州。生次男。月餘
日。潛殺之。既瘞。夜遣人發取其骨。又試之。……普通四年。為都
督南兗州刺史。閱勤於事。而不見賓客。其辭訟則隔簾理之。方
幅出則垂帷於輿。而云惡人識其面也。初予知建安王蕭寶夤
在魏。綜求得北來道人釋法寶。使入北通問於寶夤。請為叔父。
高陽人梁話以紀。將齎說綜。厚納之。言綜可任使。綜遣話錢五
萬。彥眷畢。引於左右。時在廣陵。往來通款於魏。無食隆苗
文寵家。言文寵於綜。引為國常侍。六年。魏將元法僧以彭城
降。帝使綜都督眾軍。權鎮彭城。並攝徐州府事。武帝慮別言家。
知曾兵有敗軍失將。延綜為北所虜。手敕綜令拔軍。無使居前。

南史張弘策傳……東昏餘黨孫文明等……作亂……見害。……

……官軍捕文明斬于東市。[illegible]之。（五六 卅）

又杜崱傳：太清三年，隨岳陽王詧襲荊州。元帝與崱兄岸舊，密書

邀之。崱乃與岸弟幼安、兄子龕等夜降。（六四 卅）岸至，元帝……以

為雍州刺史。……岸請以五百騎襲襄陽，去城三十里，城中

覺之。……岸奔其兄巘於南陽。太守巘於廣平。詧遣將

尹正、薛暉等攻拔之。獲巘、岸并其母妻子女，並斬於襄陽北門。詧母龔

保林數岸於衆。岸曰：我將殺汝兒，殺汝叔。乃極數其罪。詧命拔

其舌，截而烹之。盡誅諸杜宗族親者，幼者下蠶室。又發其墳墓，

燒其骸骨，灰而揚之。並以為漆椀。及建鄴平，崱兄弟發安寧陵。

楚之以投漆觴之酷。前之帝亦不責也。（六四下）

南史循吏傳沈瑀……為……蕭穎達長史……瑀性屈彊，每忤穎達，穎達銜之。天監八年，因入諮事，辭又激厲……是日於路為人所殺。多以穎達害之。子續累訟之，遇穎達尋卒，事不窮竟。續乃布衣蔬食終其身。（七十上）

南史孝義傳：時之建有吳興人聞人寶，年十七，結客報父仇，為高帝所賞。（七三上）

又趙拔扈，新城人也。兄震動，富於財。太守樊文茂求之不已。震動怒曰：無厭，將及禍。文茂聞其語，收其族誅之。拔扈走免，亡命聚黨。至社樹咒曰：文茂殺拔扈兄，今欲報之。若事克，斫樹應更生。

不克即死。三縛三搒。生十丈餘。人皆傳以為神。附于牛隊叢葬。段

殺文武皆射傷害。時岳州鄂十餘口。對冤者。處依誅減求降。文彥

蔡州刺史文謝，亦業陽人也（見四二）　泰山燕若先今蓋龍蹇檢

遼穆誅刑訟者顏付下，別告冤

蜀史曰孝顏佳，景仁廣平人也，其祖天祐和為同縣市張所殺

仁■年八歲。及長。志在復讎。嘗與兄七年。遂殺於田野。斬其

首。以祭父墓。竟詣郡自歸。依刑法。太宗聞之起上言於州

時閩文在鎮。乃下詔旌表之。厥後罪下有司長吏一戶祖調以

擢為刑。（見四四）

又咸平……以安撫。淮陽太守梁天驕六年。常遣和蘇安寧。以

陳國陷。蕭儁謀復讎。因起叛宿預附主。以地南入。曹通亡年。毛

私為鄱陽内史。其蕭儁隨人刺殺之。未久，李隨毛和家人。嫣（四）殺

其子弟。唯數傳焉。其帝常輔之。亦為唐法止（七の下）其後而據為唐

法釋矣

李慶緒……父為人所害。慶緒九歲而孤。為兄所養。日夜號泣。

志在復讎。投州將陳顯達。仍於部伍白日手刃其仇。自縛歸

罪。州將義而釋之。（七の下）

宋書毛脩之傳。父璩為譙縱所殺。當遣朱齡石伐蜀。脩之固求行。

高祖慮脩之至蜀。必多所誅戮。士人既與毛氏有隙。亦當以死

自固。故不許。（四の八上）

魏書世祖紀太延元年十二月甲申。詔曰。……盡力三時。黔首……
所克濟……自今以後。亡匿避難。羈旅他鄉。皆當歸還舊居。不
問前罪。民相殺害。牧守依法平決。不聽私輒報者。誅及宗族。鄰
伍相助與同罪。……（同上紀）
又道武七王列傳清河王紹。其先犯乘輿者。群臣於城南都街生
臠割而食之。（同上傳）
又景穆十二王傳任城王雲〻長子澄〻子順。尒朱榮……害衣
冠……出走。為陵戶鮮于康奴所害。……長子朗。時年十七。枕
戈潛伏積年。乃手刃康奴。以首祭於順墓。然後詣闕請罪。朝廷

嘉而不問。（四九中）

魏書李沖傳：初沖兄佐與河南太守來崇同自涼州入國，素有微嫌。佐因緣成崇罪，餓死獄中。後崇子護，又糾佐贓罪。佐及沖等悉坐幽繫，會赦乃免。佐甚銜之。至沖寵貴，綜攝內外。護為南部郎，深慮為沖所陷，常求退避。而沖每慰撫之。護後以貪贓罪，懼必不濟。沖乃具奏與護本末嫌隙。乞原恕之。遂得不坐。（五三上）

又王肅傳：二十二年。大和陂平漢陽。詔肅曰。夫知己貴義。君臣務興。不計衿災邮禍。且藉焉播。卿情同伍員。懷酷歸朕。然手村萬一讎人。職役由師。何償不興言憤歎。義淺吳闔而長息。比獲蕭寶卷輔國將軍黃瑤起。乃知是卿怨也。故當相付。微望紓泄。使多見卿

之服者以緩懷。初讀之，收首父兵也。司馬黃璘起攻兵殺之。故

詔云然。（只三紙）

魏書傅豎眼傳：本清河人。……祖父融，南徙渡河，家於磐陽，爲鄉

閭所重。有三子：靈慶、靈根、靈越，並有才力。……驍勇之士多相

歸附。劉駿將蕭斌、王玄謨寇碻磝，時融始死，玄謨強引靈慶爲

軍主，將攻城，攻車爲城內所擲，靈慶懼軍法，……遁還。時

靈慶從叔乾愛爲斌法曹參軍，斌遣乾愛誘呼之，以腰刀爲信，

密令壯健者隨之，而乾愛不知斌之欲圖靈慶也。既至，靈慶問

答曰：未知。斌所遣壯士執靈慶殺之。靈慶將死，與母崔訣，言法

曹殺人，不可忘也。靈根、靈越奔河北。■……高宗……拜靈

越……青州刺史。鎮羊蘭城。靈根爲臨齊副將。鎮明潛壘。靈越北入之以。母崔氏遇赦免。劉駿以靈越在邊。擾動三齊。乃以靈越叔父琰爲冀州治中。乾愛爲樂陵太守。樂陵與羊蘭隔河相對。命琰遣其門生與靈越婢詐爲夫婦。投化以招之。靈越與以分離異積。遂與靈根相避南走。靈越與羊蘭舊兵相擊。乾愛遣船迎之。得免。靈根差遲。不得俱渡。臨濟人覺知。斬殺之……靈越意恆欲爲父復讎。而乾愛初不疑防。知乾愛嗜雞肉蒸菜。飲。乃爲作之。下以毒藥。乾愛飯還而卒。時七十餘。

魏书 澹子誕。侍父興宗。蕭賾南安太守。誕年十二。隨父向揚州。父於路爲賊所害。誕雖童稚。而哀感奮發。傾資結客。旬朔之間。

遂以復讎。由是郡守欲異之。（七一止）

魏書孝感傳，孫益德——其母為人所害。益德童幼，為母復仇，還家。哭於殯。以待縣官。高祖文明大后以其幼而孝決。又不逃罪。特免之。（八六止）

吳悉達——弟兄三人。年並幼小。父母為人所殺。四時號慕。悲感鄉鄰。及長報仇。（止）

又術藝傳王早，太宗時——時有東莞鄭氏。因為同郡趙氏所殺。其後鄭氏執得讎人趙氏。克明晨會宗族。當就墓所刑之。趙氏求救於早。早為占候。並授以一符。曰。君今且還。選壯士七人。令一人為主前。佩此符。於雞鳴時。伏在仇家宅東南二里許。平旦。當有十人。跟隨向西北行。中有二人。乘黑牛。一黑牛最在前。

一豆牛廬第七。但捉取第七者還。東西無他。趙氏從之。不知其
言。乃是鄭氏五男父也。諸子注為其族所宗敬。故和解二家。趙
氏竟免。（九一）

款書列女傳平原鄃孫女子孫氏男玉者。夫為靈縣民所殺。追執
讎人。男玉引自殺之。其弟止而不聽。男玉曰。女人出適。以夫為
天。讎殺自復讎。方何假人之知。遂以杖毆殺之。有司處死以聞。
顯祖〻〻特恕之。（九二）

大吐谷渾傳。吐延〻〻〻為昂城羌酋姜聰所刺。〻〻〻子葉延〻〻〻
年十歲。縛草為人。號曰姜聰。每旦輒射之。射中則嗥叫泣涕。其
母曰。讎賊諸將已屠膾之。汝年小。何煩朝〻自苦。葉延嗚咽若

不自掩。答母曰。詎知無益。然一圖極之快。不掩其痛。（移此）　集

吐谷渾侍飾甚多，此亦未足可信也。

北齊有崔暹子達拏。顯祖以其長女樂安公主降達拏。天保時。

顯祖嘗問樂安公主。達拏於汝何似。答曰。甚相敬重。惟阿家憎

兒。顯祖召達拏母入内。殺之。投尸漳水。齊滅。達拏殺主以復讎。

四二十

刑法

宋番商犯罪由其自治 唐宋之時代中的忘題61
西通商史卅

法律論

要產生法律的秩序必先有一種社會生活關係〃〃〃〃〃〃是依存於經濟的發展的所以要有法律的秩序必先有經濟的秩序　推經濟變化發展發生而不即發生法律必先產生一定的社會生活現象繼續的成為一種習慣乃能產生法律一種新的法律產生必先有一種舊法律何也無一定形態之款制人類共同生活即不能成立人類共同生活款制必與之俱存

刑法者保存已獲得之物權款權及自己權者也　維持由經濟方法所產生之法律秩序防止其被侵害

共同社會原始部之內部無支配者被支配者之別，整第一的體，故其法
制只保護社會結合體之整體上利益而已（全社會之整體利益）
法律在階級社會中與私有制度及直接關係
民法商法隨着日常物質之普及的習慣的權利
一切國家必擁護既存著的社會關係，鞏固一定的法律秩序
以法為不顧個人利益而擁護集合利益，為擁護最高正義和倫理
之法益，如憲法、行政法、財政法等
其祇是欺人之談而已
原始部族及血族的共同社會中，法律無差異對立，今則（一）為
個人利益相差異對立，（二）者與某種共同體發生關係，如家族、階級、種
業團體、國家、民族、社會等，而共同體利益相差異對立，差異對立須以法

律係隨法律觀念之發立生

法律之變遷分爲（一）原始[illegible]社會之法律，社會由血統組成，由將組織，

遂由其族之團體宗族生活，族中發有指揮權者大半是選任，

實上有頭領長其種族（一）勞動之指揮（二）與他族競爭時指揮（三）

代表宗族祭祀。其血統關係。一方面爲動物的本能。一方面爲

勞動。分配。協作。其時社會關係極簡單，無所謂關係，故法律關係

亦未發生，只有公布命令而已。之後人拘于習慣，一切皆是

傳統的法律及習慣的限制。其社會組織更爲團體，其法律

限制家族公布之，其宗教道德法律不分之原始習慣也，

即其社會規範也。最之始之公布爲人與自然間之規律。至家

族長始時乃與各人與人及人與自然間之規律（二）古代社会之法律逐入畜牧農業因生活於一定地域且能有剩餘勞動私有生焉家族有一定財產大家長管理財產指揮勞動家長之專制權力由是生焉此等家族皆以為勞動與消費單位但宗族日形擴大由單一而分裂於上乃有種族之結合在此情形之下（A）因分工在產業上引起經濟之分化（B）因財產日多引起社会貧富之分化（C）因支配與被支配引起政治之分化於是財以形成之始國家宗法制度奴隸制度皆隨之而起所謂元始國家即支配奴隸之貴族國家。國家之政策決于貴族之利益土地之兼併奴隸之掠取皆所以增殖財富者也征服

時乃被征服者同知則權力建立國家之組織法律之規定皆
共知其之績果也元始國家成立之初貴族階級恒造作神話
以自固其地位權力亦由神權授與此時法律宗教不分此時之
法律大抵存於宗教的特種階級僧侶之記憶使於政治的特權
階級之意見至社會更廣擴散為貴族平民之爭於是僧侶衰
落貴族勢退而王權興起矣此時的權力脫離宗教法律則具
體的以法典表見執行此法律者為一最高之權力禁私刑禁
復仇禁決鬥禁殺傷人禁違犯擅捕禁權首擅捕禁權與族僚仇賠償爭取首以民
族私權執行至古代國家經濟基礎不同武裝農牧商業混合武機法律
此以國權執行
當時亦各有不同（三）封建社會之法律土地為大領主王國所占

自己轄外分封小領主諸侯，小領主分封自己的家人，家人再分與農奴。大領主小領主家人之關係為君臣之關係，絕對的命令關係。服役單純的重要之義務，農奴耕作一定之生產財，除最低生活資料外全部被奪。此建立於農業之上之地主的社會制度也。但因工商業發達，即資產階級都市立，此社會乃崩。此社會在政治上是分權，法律亦不統一，如都市、村落各有其法，刑罰苦酷，法律精神甚靜，以農業生活少變動甚遲。(四)資本主義社會之法律：資本主義的建築於生產機關私有上之生產也，其特徵(甲)商品生產(乙)生產機關獨占(丙)工錢勞動（勞動力）成商品(丁)資本階級因經濟地位優越並獲得政治的支配權。此社會法律所當述者(A)美國獨立宣言及美國憲法采自然權說及民約論為基礎，與代表而議說為憲政。人生而自由平等，任何權力不得限制，故一切立法必須遵守法。此同意國家主權屬於人民，政府人員為國民之公僕。權力即應撤換，革命而爭自由者之權利及義務（見法國大革命於一七八九年宣布人權宣言，精神與獨立宣言一貫）。人權宣言與法國民法有兩基本原則：（一）所有權之絕對權，（二）契約之自由。人權宣言曰：人生而自由，且平等享有其權利。此謂權利是自由。財產。民法亦有二語，曰：財產權者，以絕對方法享有並處分物之權利也。曰：依法成立之契約，對於當事人有法律之效力。夫所有權絕對，保障生產手段之私有者也。契約自由

協。規定生產自由勞動自由及自由競爭協也。个人于所有權
在其首上有繼
勞動者及契約權。物權債權是也。
大政時[illegible]。則債務法是也。法國民法也。中間階級所要求。
協及勞働生產關係。又為勞動者革命時趨急進與祖之反動
也。(c)到19世紀資本主義時代法律亦有變更。一九〇〇年之德
國民法之典型於極端個人主義有多少限制權利濫用之限
制。而更發揚。一九〇七年瑞士民法更進一步。人民須以善意
行使權利。顯明之權利濫用法律不保護。法院自由
裁量之範圍加廣。無明文可用，應依習慣；無習慣，當如自為立法者時所能立之法而裁判之。
十九世紀以來社會立法澎之發展共要點(a)容許工會組織(b)
容許勞動協約(c)規定工作時間(d)確定最低工資(e)解決勞

資本主義(乙)社會保險又國際間因經濟交際事業需要而切於
是之國際法但對之利於強國之用強國之衝突於強裁制之
力耳(丁)蘇俄社會革命法權起大變革蘇俄一九二三年新民法
第一條私權在不反於社會經濟的目的之限度內受法律之
保護第二十二條土地為國家所有不得為私家買之目的第
一百六十一條限制繼承財產不得超過一萬金盧布
憲法○與普通法律不同而近代某一階級所爭取之根本法律
其要件(一)將國家機關系統政府權能範圍(二)人民自由權政府
與人民之關係以極廣闊文內規定(三)其規定修改